LOS LECTORES OPINAN SOBRE

REVOLUCIÓN
EN EL MUNDO DE LAS MISIONES

"Acabo de leer *Revolución en el Mundo de las Misiones*. Este magnífico libro me ministró y me conmovió como ningún otro libro lo ha hecho. ¿Dónde puedo pedir más ejemplares?"
—Pastor J.P., Lakeside, Oregon, EE.UU.

"¡Este libro me sacó lágrimas y me llevó a orar!"
—Sra. J.S., Towson, Maryland, EE.UU.

"He leído dos veces *Revolución en el Mundo de las Misiones* y ahora estoy aún más convencido que nunca de que invertir en misioneros nacionales y en los niños del ministerio *Bridge of Hope* (Puente de Esperanza) proporcionará más ganancias que el oro y la plata. Gracias por ayudarme a que me diera cuenta, hermano K.P.".
—Sr. K.G., Calgary, Alberta, Canadá

"Leí su libro y creo que es uno de los más dinámicos y prácticos que jamás haya leído. Quiero darle un ejemplar a mi pastor, a cada miembro de la mesa directiva y a otras personas de mi iglesia".
—Dr. P.W., Santa Margarita, California, EE.UU.

"El libro de K.P. Yohannan lleva a la iglesia directamente a la esencia de lo que Cristo nos llamó a hacer. Insto a cada cristiano, especialmente a los pastores, a leerlo con un corazón humilde delante del Señor. Yo lo estoy volviendo a leer y nuevamente es una conmovedora bendición".
—Pastor M.W., Worthing, Inglaterra

"El libro *Revolución en el Mundo de las Misiones* nos ha desafiado y dado convicción. Creemos que el Señor Jesucristo nos está dando la oportunidad de ser parte de Su obra en Asia, ¡una oportunidad que no podemos perder!"
—Sr. y Sra. M.D., Pacifica, California, EE.UU.

"Ambos leímos el libro de K.P. y hemos sido movidos a cambiar parte de nuestro estilo de vida para llevar el Evangelio más lejos. ¡Espero poder dar más conforme adquirimos más valentía!"
—Sr. y Sra. D.F., Los Alamos, New Mexico, EE.UU.

"Estoy leyendo actualmente *Revolución en el Mundo de las Misiones* y estoy anonadado por lo que leo. Mi esposa y yo hemos estado deseando que el Señor nos revele cuál será nuestro siguiente paso. Este libro nos ha ayudado inmensamente".
—Sr. D.M., East Victoria Park, Western Australia

"Después de leer *Revolución en el Mundo de las Misiones* estoy convencido de que nuestra pequeña cantidad de dinero puede hacer más en este ministerio, que en muchos otros en los que participamos".
—Sra. I.T., Houston, Texas, EE.UU.

"Fui misionera en Nigeria durante 20 años y entiendo lo que trata este libro".
—Sra. D.T., Kearney, Arizona, EE.UU.

"Si tuviera que elegir ocho libros, fuera del canon bíblico, que cada creyente debería leer, *Revolución en el Mundo de las Misiones* sería uno de ellos".
—Sr. J.L., Stockport, Inglaterra

COMENTARIOS DE LÍDERES CRISTIANOS
INTERNACIONALES

 GOSPEL FOR ASIA
(Evangelio para Asia)

"Hay muchos que tienen un buen mensaje, pero no muchos que en realidad viven lo que predican". *Gospel for Asia* lleva a cabo con seriedad el desafío de alcanzar a los grupos no alcanzados... La ventana 10/40 es a donde se debe llegar con el Evangelio y *Gospel for Asia* (*GFA*, por sus siglas en inglés) es un elemento importante puesto en la brecha. Ya que representan a los principales pueblos no alcanzados del planeta tierra. *Gospel for Asia* tiene lo que se necesita para penetrar la ventana 10/40".

—LUIS BUSH, Director, World Inquiry

"*Gospel for Asia* se ha convertido en una de las agencias misioneras pioneras más significativas, con una responsable y confiable estructura... Están haciendo un excelente trabajo".

—PATRICK JOHNSTONE, Autor de
Operation World (Operación Mundo)

"*Gospel for Asia* no es un movimiento, sino un fenómeno. Se ha convertido una de las organizaciones misioneras más significativa de este siglo".

—GEORGE VERWER, Fundador y Primer Director
Internacional de Operación Movilización

"De vez en cuando Dios le da a su pueblo un hombre calificado para abrirnos, darnos un diagnóstico y recetarnos un remedio para nuestra sanidad. K.P. Yohannan es ese hombre. K.P. se impacienta con el conocimiento intelectual, a menos que éste se traduzca a una vida de santidad y a una determinación firme para ver a la iglesia alrededor del mundo crecer para la gloria de

Dios. El practica lo que predica. Y si lo escucha con atención, usted vivirá con la eternidad marcada en su corazón".
—Erwin Lutzer, Pastor Principal,
Iglesia Moody, Chicago, IL, EE.UU.

"Aunque hay muchos grupos cristianos magníficos trabajando en todo el mundo, me he dado cuenta de que *Gospel for Asia* es único. Una pequeña cantidad de dinero puede sostener completamente a un evangelista y así presentar eficazmente a Jesucristo a los oyentes del extranjero que lo anhelan. He trabajado con estos hombres... y he aprendido de los valores de compromiso y de dedicación total. K.P. Yohannan vive y respira integridad. Esta integridad se ha filtrado en cada fibra de su ministerio. Me siento honrado de poder asociarme con *GFA*".
—Skip Heitzig, Pastor Principal de la Iglesia Calvary of Albuquerque, Albuquerque, NM, EE.UU.

"K.P. Yohannan dirige uno de los movimientos misioneros más grandes, si no el más grande, que trabaja a través del sudeste de Asia para llevar el amor de Cristo a los más inalcanzados. Conforme *Gospel for Asia* ha crecido y se ha establecido, el ministerio se ha estabilizado y ahora está participando de esfuerzos en conjunto con otras agencias misioneras. El impacto del ministerio de *GFA* en Asia es muy significativo, especialmente su entrenamiento, emisión de radio y obra de plantación de iglesias".
—Joseph D'Souza, Director Ejecutivo,
Operación Movilización, India

"*Revolución en el Mundo de las Misiones* es uno de los grandiosos clásicos de la literatura cristiana. Es una lectura esencial para aquellos que deseen obedecer la misión de Jesucristo. Nos acostumbramos tanto a las ideas apáticas y mediocres acerca de las misiones... y luego el libro de K.P. revoluciona nuestro mundo".
—Reverendo Paul Blackham, Biblical Frameworks (Estructuras Bíblicas), Preston, Inglaterra

"Para que abras sus ojos, para que se conviertan de las tinieblas a la luz, y de la potestad de Satanás a Dios; para que reciban, por la fe que es en mí, perdón de pecados y herencia entre los santificados".

Hechos 26:18

EL CAMINAR DE UN HOMBRE
CAMBIA UNA GENERACIÓN

REVOLUCIÓN
EN EL MUNDO DE LAS MISIONES

K. P. Yohannan

BOOKS

a division of Gospel for Asia
www.gfa.org

Revolución en el Mundo de las Misiones
© 2009 por K.P. Yohannan
Todos los derechos reservados.
Traducido por Sandra A. Leoni

Segunda edición © 2014
Segunda edición editada por Carolina Ramos
Traducido de *Revolution in World Missions*, 42nd English printing, May 2014

Ninguna parte de este libro puede reproducirse en cualquier forma sin la autorización previa de la editorial.

Paperback ISBN: 978-1-59589-137-2
ePub ISBN: 978-1-59589-144-0
Mobi ISBN: 978-1-59589-145-7

A menos que se indique otra cosa todas las citas bíblicas se han tomado de la Santa Biblia, Versión Reina-Valera 1960, © Copyright 1960, de Sociedades Bíblicas en América Latina. Las citas bíblicas marcadas como NVI se han tomado de la Nueva Versión Internacional, © 1999 de Sociedad Bíblica Internacional. Usadas con permiso.

Publicado por GFA Books, división de *Gospel for Asia*
1116 St. Thomas Way, Wills Point, TX 75169, Estados Unidos de América
Teléfono en EE.UU.: (800) 946-2742

Impreso en Los Estados Unidos de América

Para obtener más información sobre otros materiales visite nuestro sitio en: www.gfa.org.

Este libro está dedicado a George Verwer, fundador y primer director internacional de Operación Movilización, a quien el Señor usó para llamarme al ministerio y cuya vida y ejemplo han influido en mí más que ningún otro individuo.

Índice

Prólogo   13

Reconocimientos   15

Introducción   17

1. Sólo el comienzo   19
2. "¡Oh, Dios permite que uno de mis hijos predique!"   25
3. Las semillas para el futuro cambio   35
4. Caminé en el aturdimiento   41
5. Una nación dormida en esclavitud   49
6. ¿Qué haces aquí?   55
7. "Es un privilegio"   69
8. Un nuevo día en las misiones   79
9. ¿Son las misiones una opción?   89
10. Dios está demorando el juicio   97
11. ¿Por qué debo crear olas?   105
12. Las buenas obras y el Evangelio   115
13. La esperanza tiene varios nombres   121
14. La necesidad de una revolución   135

15.	El verdadero culpable: la oscuridad espiritual	141
16.	Los enemigos de la cruz	149
17.	El agua de vida en una copa extranjera	157
18.	Una visión global	163
19.	La tarea principal de la iglesia	173
20.	"Señor, ayúdanos a permanecer fieles a ti"	181
21.	Enfrentando pruebas	193
22.	La visión de las almas perdidas de Asia	203
	Conclusión	*211*
	Apéndice 1: Preguntas y respuestas	*217*
	Apéndice 2: Palabras de los patrocinadores	*231*
	Apéndice 3: Información de contacto	*233*
	Notas	*235*

Prólogo

Todos vemos con escepticismo a los cristianos con sueños grandes. No sabemos por qué exactamente, quizás porque hemos conocido a muchos que intentaban alcanzar ciertas visiones, pero cuya vida personal era una pesadilla.

La primera vez que conocimos a K.P. Yohannan recuerdo que lo invitamos a cenar y nuestra familia llevó casi a la fuerza, a este indio delgado, al gimnasio de una preparatoria para asistir a una ceremonia estadounidense; una cena de espagueti con toda la escuela. En medio de un mantel de papel, pan con ajo y centros de mesa, bolsas llenas de distintas hierbas secas y pasta ¡hecha por los miembros de la familia Mains! Oímos el sueño de ganar no sólo a la India para Cristo sino también a toda Asia.

Desde aquella noche, en el ruidoso gimnasio, en West Chicago, Illinois, E.E. U.U. hemos compartido muchas experiencias más: llamadas telefónicas desde Dallas; viajes a las ciudades y a los lugares apartados de la India; conferencias de pastores bajo techos de paja y en pabellones con paredes de bambú; risas; viajes por las carreteras de los países subdesarrollados; y momentos de oración.

Dicho simplemente: hemos llegado a creer en K.P.

Y creemos en su plan de evangelización que, con una inmensa simplicidad, sobrepasa la complejidad de la tecnología y desafía a los asiáticos a renunciar a sus vidas para ganar a sus compatriotas para Cristo.

Este libro, *Revolución en el Mundo de las Misiones*, revela uno de los planes maestros de Dios para alcanzar al mundo antes del final de los tiempos. Con absoluta confianza podemos respaldar la integridad de este autor, un hombre de Dios, y estamos entusiasmadísimos con el trabajo de *Gospel for Asia*.

Usted puede leer sabiendo que estos evangelistas que viajan por las aldeas no alcanzadas de Asia tienen más compasión, fervor y pasión para extender el Evangelio de Cristo que la mayoría de nosotros que estamos rodeados por las comodidades y las conveniencias de nuestro mundo occidental.

Lo sabemos porque los hemos observado y hemos hablado con ellos y nos han hecho sentir mal.

Los internacionales constituyen la nueva corriente del esfuerzo misionero. El libro de K.P. Yohannan describe la imagen de cómo ese sueño puede hacerse realidad.

Este es un soñador a quien ya no vemos con escepticismo. Creemos que usted también estará de acuerdo.

—David y Karen Mains

Reconocimientos

Cientos de personas han impactado este volumen: aquellos que hicieron sugerencias, aquellos que me animaron, aquellos que han influido en mi vida y ministerio. Quiero agradecerles a todos ellos (y a todos ustedes) y agradecerle al Señor por ponerlo a usted en mi camino.

Especialmente a aquellos que estuvieron cerca de mí durante el largo proceso de redacción, revisión y edición del manuscrito. Me gustaría agradecer a David y Karen Mains y a Gayle Erwin por su crítica sincera y apoyo incondicional en todo este proyecto. También un agradecimiento especial a Margaret Jordan, Heidi Chupp y Katie McCall por escribir a máquina el manuscrito. Gracias a mi secretaria Teresa Chupp y a sus asistentes, por su ardua tarea en esta revisión. Y gracias a ti, Cindy Young, por la hermosa portada que creaste.

Un agradecimiento especial a Bob Granholm, el ex director ejecutivo de *Frontiers in Canada* (Fronteras en Canadá), por sus sugerencias para la revisión que ayudaron a traer armonía y aclarar malentendidos.

Pero por sobre todo, por supuesto, mi mayor agradecimiento a mi esposa Gisela, por su meticulosa lectura y por las sugerencias que han influido de manera crucial varios pasajes. Su apoyo espiritual y emocional hicieron posible la redacción de este libro. Sin su apoyo y ánimo durante estos años ajetreados, este libro y el mensaje que proclama, no habrían sido posible.

Introducción

Esta es la historia de mi viaje de una pequeña aldea de la India a las costas de Europa y Norteamérica; y de las misiones coloniales a un mover de Dios entre los misioneros nacionales a través del mundo. Es mi historia personal llena de las dificultades que tuve que vencer y de la maravillosa provisión de Dios a cada paso del camino. Él es tan fiel.

Las misiones no siempre han sido como son hoy. En la década de los 80, la mayoría de los cristianos evangélicos en el Occidente veían la historia de las misiones en términos de dos grandes corrientes.

La primera corriente se dispersó por todo el mundo del Nuevo Testamento a medida que los apóstoles obedecían la gran comisión.

La segunda corriente comenzó alrededor de la época de la obra pionera de William Carey, en el siglo XVIII en la India, y en los siglos XIX y XX hubo un flujo de misioneros a las colonias de las grandes potencias europeas.

Actualmente alrededor del mundo, el Espíritu Santo se está moviendo en naciones asiáticas y africanas, levantando a miles de dedicados hombres y mujeres para llevar el mensaje de salvación a su propia gente. Millones de almas perdidas en países restringidos están oyendo por primera vez acerca del amor de Dios a través de estos misioneros nacionales. Ellos son humildes y desconocidos pioneros del Evangelio levantando la bandera de la cruz donde la dejaron las misiones de la era colonial. Esta obra del Espíritu Santo, entre estos creyentes nacionales, es la tercera corriente en la historia de las misione: el movimiento misionero indígena.

¿Qué significa esto para nosotros? Que tenemos delante de nosotros el increíble desafío de unirnos en esta cosecha final y de vincular nuestros corazones con lo que Dios está haciendo alrededor del mundo. Hay un clamor de avanzar hacia adelante y hacer que nuestra vida cuente.

Creo que veremos a esta generación siendo alcanzada para Cristo. Todos estamos sirviendo a un Rey y a un reino. Es mi oración que este libro sirva para traer una mayor unidad y colaboración en todo el pueblo de Dios, a medida que juntos buscamos hacer Su voluntad.

Uno

Sólo el comienzo

El silencio en el gran salón de Cochin fue interrumpido por los sollozos suaves y ahogados. El Espíritu de Dios se estaba moviendo por el salón con su asombroso poder. Trayendo convicción de pecado y llamando a hombres y mujeres a Su servicio. Antes de que terminara la reunión, 120 de los 1200 pastores y líderes cristianos presentes se acercaron al altar, respondiendo al "llamado al norte".

No estaban diciendo: "Estoy dispuesto a ir"; sino: "Iré".

Habían decidido dejar su hogar; ciudad y familia; el negocio o la carrera e ir a donde serían odiados y temidos. A la vez, otros 600 pastores prometían regresar a sus congregaciones y levantar más misioneros que dejarían el sur de la India e irían al norte.

Me quedé callado en medio del silencio santo, orando por la multitud de fervientes pastores que rodeaban el altar. Me sentí humildemente honrado ante la presencia de Dios.

Mientras oraba, mi corazón se dolía por estos hombres. ¿Cuántos de ellos serían golpeados y pasarían hambre o tendrían frío y se sentirían solos en los años venideros? ¿Cuántos llegarían a la cárcel a causa de su fe? Oré por la bendición y la protección de Dios sobre ellos y para que más patrocinadores de todo el mundo se levantaran con ellos.

Estaban dejando las comodidades materiales, los lazos familiares y las ambiciones personales. Por delante tenían una vida nueva en medio de desconocidos. Pero también supe que serían testigos de una victoria espiritual a medida que miles vinieran a Cristo y ayudaran a formar congregaciones nuevas en las aldeas aún no alcanzadas del norte de la India.

En la reunión estaba conmigo David Mains locutor de una radiodifusora cristiana de Estados Unidos y serio estudioso del avivamiento. Se unió a nosotros en Cochin como uno de los oradores de la conferencia. Más tarde testificó cómo el Señor había tomado el control de la reunión de la manera más inusual.

"No podría haber sido diferente", escribió después, "Jesús mismo había estado presente entre nosotros. El espíritu de adoración llenó el salón. Los cánticos eran electrificantes. El poder del Espíritu Santo vino sobre la audiencia. Los hombres realmente gemían en alta voz. Había leído sobre tal convicción en la historia americana durante los dos "grandes avivamientos", pero no había anticipado experimentarla personalmente".

Pero el Señor no solamente está llamando a un gran número de obreros nacionales. Dios también está obrando y salvando a tal cantidad de personas como nunca antes habríamos soñado. La gente está acercándose a Cristo de todas partes de Asia a un ritmo acelerado, en cualquier lugar donde se proclama la salvación. Hoy en día, en algunas áreas como la India, Malasia, Myanmar y Tailandia; es común que la comunidad cristiana crezca en tan sólo un mes, lo anteriormente que habría crecido en todo un año.

A los informes de conversión en masa y del crecimiento de la iglesia se les ha dado poca importancia en la prensa occidental. La emocionante verdad sobre la obra de Dios en Asia todavía debe proclamarse, en parte es porque la prensa tiene el acceso limitado. Excepto en algunos países como Corea y las Filipinas, la verdadera historia aún no se publica.

Un ejemplo de los tantos movimientos misioneros indígenas que han surgido de la noche a la mañana es el trabajo de un hermano del sur de la India, un ex militar que dejó su cargo y carrera en el ejército para ayudar a que un equipo de evangelismo comenzara en el norte de la India. Ahora es líder de más de 400 misioneros de tiempo completo.

Así como otros líderes misioneros indígenas, él ha discipulado a 10 "Timoteos" que están dirigiendo la obra con una precisión casi militar. Cada uno de ellos podrá liderar a docenas de obreros adicionales, quienes tendrán a su vez sus propios discípulos.

Junto con su esposa estableció un modelo apostólico para sus obreros similar al del apóstol Pablo. En una gira evangelística que duró 53 días, él y su familia viajaron en una carreta tirada por bueyes y a pie hasta las áreas más lejanas de los distritos tribales del estado de Orissa. Allí, trabajando bajo el intenso calor entre personas con estilos de vida extremadamente primitivos, vio a cientos venir al conocimiento del Señor. Durante este viaje, los demonios eran expulsados y había milagros de sanidad física cada día. Miles de los tribales, que eran esclavos de ídolos y adoraban espíritus, escucharon con entusiasmo el Evangelio.

En tan solo un mes, él formó 15 iglesias nuevas y asignó a misioneros nacionales para que se quedaran y fortalecieran la fe de los creyentes.

Movimientos milagrosos similares están empezando en casi todos los estados de la India y en otras naciones de Asia.

El misionero nacional Jesu Das se asombró cuando visitó una aldea por primera vez y no encontró creyentes. Todas las personas del pueblo adoraban a cientos de dioses diferentes y cuatro sacerdotes los controlaban a través de sus brujerías.

Se contaban historias de cómo estos sacerdotes con sus brujerías mataban el ganado de la gente y destruían sus cosechas. La gente se enfermaba de repente y moría sin explicación. La destrucción y la esclavitud en la que la gente de las aldeas estaba viviendo son difíciles de imaginar. Sus rostros estaban marcados con cicatrices, deterioro y muerte; porque estaban totalmente controlados por los poderes de la oscuridad.

Cuando Jesu Das les habló acerca de Cristo, era la primera vez que escuchaban de un Dios que no pedía sacrificios ni ofrendas para apaciguar su enojo. Mientras Jesu Das continuaba predicando en el mercado mucha gente entregó su vida al Señor.

Pero los sacerdotes estaban indignados. Le advirtieron a Jesu Das que si no se iba de la aldea, llamarían a sus dioses para que lo mataran a él, a su esposa e hijos. Jesu Das no se fue. Continuó predicando y la gente continuaba siendo salva.

Finalmente después de algunas semanas, los brujos vinieron a Jesu Das y le preguntaron sobre el secreto de su poder.

"Esta es la primera vez que nuestro poder no funciona", le dijeron. "Después de cumplir con nuestros rituales pujas, le pedimos a los espíritus que fueran a matar a tu familia. Pero los espíritus volvieron y nos dijeron que no podían acercarse a usted ni a su familia porque estaban siempre rodeados de fuego. Luego llamamos a espíritus más poderosos para que fueran por usted, pero ellos también volvieron diciéndonos que no sólo estaban rodeados por fuego, sino que también había ángeles alrededor de ustedes todo el tiempo".

Jesu Das les habló de Cristo. El Espíritu Santo convenció a cada uno de ellos del pecado de seguir a los demonios y del juicio por venir. Con lágrimas, se arrepintieron y recibieron a Jesucristo como Señor. Como resultado, cientos de otros aldeanos fueron liberados del pecado y de la esclavitud.

A través de una organización indígena en Tailandia, en donde más de 200 misioneros nacionales están haciendo evangelismo pionero en las aldeas, un grupo compartió personalmente su fe con 10.463 personas en dos meses. De estos, 171 entregaron su vida a Cristo y se formaron seis iglesias nuevas. Según el informe más de 1000 se entregaron a Cristo en el mismo periodo. Recuerde que esta gran cosecha se está llevando a cabo en una nación budista que nunca había visto tales resultados.

Informes documentados como estos nos llegan cada día departe de equipos misioneros nacionales en casi todas las naciones de Asia. Pero estoy convencido de que estas son las primeras gotas de la lluvia del avivamiento. Para tener el impacto que se necesita, debemos enviar a cientos de miles de obreros más. Ya no oramos más por las conocidas "lluvias de bendición"; sino que confío en que Dios mandará diluvios de bendiciones en los días que vienen.

Cómo me convertí en parte de esta increíble renovación espiritual en Asia, es de lo que este libro relata. Y todo comenzó con las oraciones de una madre sencilla de una aldea.

Dos

"¡Oh, Dios permite que uno de mis hijos predique!"

Los ojos de Achyamma ardían de lágrimas. Pero no eran del fuego de la cocina o del olor de las especias picantes que venían de la cacerola. Se dio cuenta de que había poco tiempo. Sus seis hijos estaban creciendo más allá de su influencia. Sin embargo, ninguno mostraba señales de entrar al ministerio evangelístico.

Excepto el menor, el pequeño "Yohannachan" como me llamaban, todos sus hijos parecían estar destinados al trabajo secular. Mis hermanos parecían contentos con vivir y trabajar cerca de nuestra aldea nativa de Niranam en Kerala, en el sur de la India.

"Oh, Dios", oraba desesperada, "¡permite que aunque sea uno de mis hijos predique!" Como Ana y tantas otras madres piadosas en la Biblia, mi madre había dedicado sus hijos al Señor. Esa mañana, mientras preparaba el desayuno, prometió ayunar en secreto hasta que Dios llamara a uno de sus hijos a Su servicio. Cada viernes de los siguientes tres años y medio ayunó. Su oración fue siempre la misma.

Pero no pasaba nada. Finalmente, quedaba solamente yo, delgado y pequeño, el bebé de la familia. Parecía haber pocas posibilidades de que yo predicara. A pesar de que me había puesto de pie en una reunión evangelística a los ocho años, era tímido y retraído y no compartía mi fe. No mostraba habilidades de liderazgo y evitaba los deportes y las actividades escolares. Estaba cómodo en medio de la aldea y de la vida familiar, era como una sombra que entraba y salía de escena casi sin que se notara.

Más tarde, cuando cumplí 16 años, las oraciones de mi madre fueron contestadas. Un grupo de evangelismo de Operación Movilización vino a nuestra iglesia a presentar el desafío del lejano norte de la India. Con mis escasos 41 kilos me esforzaba por captar cada palabra que el grupo decía mientras mostraba diapositivas del norte.

Contaron de cuando fueron apedreados y de los golpes que recibieron mientras predicaban a Cristo en las aldeas no cristianas de Rajastán y Bihar, en las llanuras calurosas y áridas del norte de la India. Las grandes cimas del oeste de Ghats me protegían del contacto con el resto de la India y todo lo que conocía de mi país natal eran las selvas exuberantes de Kerala en la costa de Malabar. La costa de Malabar había nutrido por mucho tiempo a la comunidad cristiana más antigua de la India. Empezó cuando el próspero comercio marítimo con el Golfo Pérsico hizo posible que Santo Tomás pudiera dar a conocer a Jesucristo en la cercana Cranagore en el año 52 d.C. Ya había otros judíos allí que habían llegado 200 años antes. El resto de la India parecía totalmente diferente a la gente de los pueblos de lengua malayalam de la costa sudoeste y yo no era la excepción.

Mientras el grupo de evangelismo describía la desesperadamente condición de almas perdidas del resto del país (500.000 aldeas sin alguien que diera testimonio del Evangelio) sentí una tristeza extraña por los perdidos. Ese día prometí ayudar a llevar las Buenas Nuevas de Jesucristo a aquellos estados extraños y misteriosos del norte. Ante el desafío de "dejar todo y seguir a Cristo" di un salto, un tanto precipitado, y me uní al grupo de estudiantes para ir a una cruzada de verano de corto plazo a los lugares no alcanzados del norte de la India.

"¡Oh, Dios permite que uno de mis hijos predique!"

Mi decisión de entrar al ministerio resultó principalmente de las fieles oraciones de mi madre. A pesar de que no había recibido lo que más tarde entendí que era mi llamado verdadero del Señor, mi madre me animó a que siguiera mi corazón en la causa. Cuando anuncié mi decisión, ella puso en mis manos 25 rupias sin decir nada, lo suficiente para mi pasaje de tren. Salí a la oficina central de misiones en Trivandrum para aplicar.

Ahí tuve mi primer rechazo. Ya que era menor de edad, los directores de la misión al principio me negaron que me uniese al grupo que iba al norte. Pero me dejaron asistir a la conferencia de entrenamiento anual que se llevaba a cabo en Bangalore, Karnataka. En la conferencia escuché por primera vez al misionero estadista George Verwer, quien me animó, como nunca antes, a comprometerme a tener una vida apasionada y radical como discípulo. Me impresionó cómo Verwer puso la voluntad de Dios para el mundo perdido antes que su carrera, su familia y que sí mismo.

Esa noche solo en mi cama, discutí tanto con Dios, como con mi propia conciencia. A las dos de la mañana, mi almohada estaba mojada de sudor y lágrimas y temblaba de miedo. ¿Y si Dios me pidiera predicar en las calles? ¿Cómo le haría para pararme en público y hablar? ¿Y si me apedrearan y golpearan?

Me conocía demasiado bien. Si muy apenas podía mirar a un amigo a los ojos durante una conversación, mucho menos hablar públicamente a multitudes hostiles en nombre de Dios. Mientras hablaba, me di cuenta de que me estaba comportando como Moisés cuando fue llamado.

De repente, sentí que no estaba solo en la habitación. Una sensación maravillosa de amor y de ser amado llenó el lugar. Sentí la presencia de Dios y caí de rodillas al lado de la cama.

"Señor Dios", clamé rindiéndome ante Su presencia y a Su voluntad, "me ofrezco para hablar en Tu nombre, pero ayúdame a saber que estás conmigo".

En la mañana, me desperté a un mundo diferente con gente inesperadamente distinta. Cuando salí a caminar, el panorama de las calles de la India se veía igual que antes: los niños corrían entre las piernas de la gente y vacas, cerdos y gallinas deambulaban, los vendedores llevaban canastas en sus cabezas con frutas y flores coloridas. Los amaba a todos con un amor sobrenatural e incondicional que nunca antes había sentido. Era como si Dios me hubiese quitado mis ojos y me hubiera puesto Sus ojos para que pudiera ver a las multitudes como el Padre celestial las ve: perdidas y necesitadas, pero con el potencial de glorificarlo y reflejarlo.

Caminé hacia la estación de autobús. Mis ojos se llenaron con lágrimas de amor. Sabía que toda esa gente se dirigía al infierno y sabía que Dios no quería que fueran allí. De pronto tuve una carga tan grande por esas multitudes que tuve que parar y apoyarme contra una pared para mantener el equilibrio. Eso era todo: sabía que estaba sintiendo la carga de amor que Dios siente por las multitudes que se pierden en la India. Su corazón amoroso estaba latiendo dentro del mío y apenas podía respirar. La tensión era muy grande. Caminé inquieto, yendo y viniendo para que mis rodillas dejaran de temblar de miedo.

"¡Señor!" Clamé. "Si quieres que haga algo, dilo y dame valentía".

Después de orar miré hacia arriba, vi una piedra gigante. Inmediatamente supe que debía subirme a esa piedra y predicar a las multitudes en la estación de autobuses. Subí rápidamente y sentí una fuerza de 10.000 voltios de electricidad por todo el cuerpo.

Empecé cantando un simple coro infantil. Era todo lo que sabía. Cuando terminé, había una multitud de pie junto a la roca. No me había preparado para hablar, pero en seguida Dios tomó control y llenó mi boca con palabras de Su amor. Prediqué el Evangelio a los pobres así como Jesús se lo encomendó a sus discípulos. Mientras la autoridad y el poder de Dios fluían a través de mí, tuve una audacia sobrehumana. Salían palabras que no sabía que tenía y con un poder claramente otorgado de arriba.

Otros de los grupos de evangelismo se pararon a escuchar. El asunto de mi edad y de mi llamado nunca surgió de nuevo. Eso fue en 1966 y continué yendo con los grupos evangelísticos móviles durante los siguientes siete años. Viajamos a través de todo el norte de la India, sin quedarnos por mucho tiempo en una aldea. En todos los lugares a donde fuimos prediqué en las calles mientras otros distribuían libros y tratados. En ocasiones, en aldeas más pequeñas, dábamos testimonio de casa en casa.

Mi amor insistente y abrumador por la gente de las aldeas de la India y por las multitudes pobres creció con el paso de los años. Hasta la gente empezó a apodarme "el hombre Gandhi" por el padre de la India moderna, Mahatma Gandhi. Así como él, me di cuenta sin que me lo dijeran, que si alguna vez los aldeanos de la India iban a ser ganados, tendría que ser por medio de nacionales de piel oscura que los amaran.

Al estudiar los Evangelios me quedó claro que Jesús entendía bien el principio de alcanzar a los pobres. Evitó las ciudades más importantes, a los ricos, a los famosos y a los poderosos; concentró Su ministerio en la clase obrera pobre. Si alcanzamos al pobre, hemos tocado las grandes multitudes en Asia.

La batalla contra el hambre y la pobreza es en realidad una batalla espiritual; no una batalla física ni social como los escépticos religiosos nos habrían hecho creer.

La única arma que ganará con eficacia la guerra contra la enfermedad, el hambre, la injusticia y la pobreza en Asia es el Evangelio de Jesucristo. Mirar los ojos de un niño con hambre o mirar la vida desperdiciada de un drogadicto es ver sólo la evidencia de que Satanás gobierna este mundo. Todas las cosas malas, tanto en Asia como en América, son obra suya. Él es el principal enemigo de la humanidad y hará todo lo que esté en su poder para matar y destruir a los seres humanos. Pelear contra este enemigo poderoso con armas físicas es como pelear contra un tanque blindado usando piedras.

Nunca me voy a olvidar del encuentro más dramático que tuvimos con estos poderes demoníacos. Era un día caluroso e inusualmente húmedo de 1970. Estábamos predicando en el estado noroeste de Rajastán, el "desierto de los reyes".

Como de costumbre, antes de la reunión en la calle, mis siete compañeros y yo hacíamos un círculo para cantar y palmear al ritmo de las canciones tradicionales cristianas. Se juntó una muchedumbre considerable y yo empecé a hablar en hindi, el idioma local. Muchos escucharon el Evangelio por primera vez y recibieron los nuevos testamentos y los tratados con entusiasmo, para leerlos.

Un joven se me acercó y me pidió un libro para leer. Mientras hablaba con él, sentí en mi espíritu que el joven ansiaba conocer a Dios. Cuando estuvimos listos para abordar nuestra camioneta evangelistica, nos pidió venir con nosotros.

Mientras la camioneta avanzaba tambaleándose, comenzó a llorar y a lamentarse. "Soy un gran pecador", gritó. "¿Cómo puedo estar sentado entre ustedes?" En eso empezó a querer saltar de la camioneta en movimiento. Lo sostuvimos y lo mantuvimos a la fuerza en el piso para que no se lastimara.

Esa noche se quedó en nuestra base misionera y a la mañana siguiente se unió a la reunión de oración. Mientras estábamos alabando e intercediendo, escuchamos un grito repentino. El joven estaba tirado en el piso con la lengua colgando y sus ojos en blanco.

Como cristianos en tierra pagana, inmediatamente supimos que estaba poseído por un demonio. Nos juntamos alrededor de él y empezamos a tomar autoridad sobre las fuerzas del infierno y en ese momento empezaron a hablar a través de su boca.

"Somos 74... Durante últimos los siete años lo hemos hecho caminar descalzo por toda la India. Él es nuestro..."... Siguieron hablando, blasfemando y maldiciendo, desafiándonos a nosotros y a nuestra autoridad.

Pero a medida que tres de nosotros orábamos, los demonios no podían retener al joven. Tuvieron que salir cuando les ordenamos irse en el nombre de Jesús.

Sundar John fue liberado, entregó su vida a Jesús y fue bautizado. Luego fue al instituto bíblico y desde entonces el Señor lo ha capacitado para enseñar y predicar a miles de personas acerca de Cristo. Varias iglesias de la India han empezado como resultado de su extraordinario ministerio; todas ellas por un hombre al que muchos hubiesen encerrado en un hospital psiquiátrico. Y literalmente hay millones de personas como él en Asia: engañados por los demonios y esclavizados a sus horribles pasiones y lujurias.

Este tipo de milagros me ayudaron a continuar de aldea en aldea durante esos siete años de predicación ambulante. Nuestras vidas eran como las páginas del libro de los Hechos. La mayoría de las noches dormíamos entre las aldeas y las zanjas al lado de las carreteras, donde estábamos relativamente a salvo. Dormir en aldeas no cristianas nos hubiera expuesto a muchos peligros. Nuestro grupo siempre creó una conmoción y a veces nos apedreaban y golpeaban.

Los grupos de evangelismo móviles con los que trabajaba y frecuentemente lideraba, eran como familia para mí. Empecé a disfrutar del estilo de vida gitano en el que vivíamos y del abandono total por la causa de Cristo que se espera en un evangelista ambulante. Éramos perseguidos, odiados y despreciados. Sin embargo seguíamos, sabiendo que estábamos abriendo una brecha para el Evangelio en distritos que nunca antes habían experimentado un encuentro con Cristo.

Una de esas aldeas era Bhundi en Rajastán. Este fue el primer lugar donde me golpearon y apedrearon por predicar el Evangelio. Frecuentemente destruían la literatura. Parecía que las turbas estaban al acecho y en seis ocasiones interrumpieron nuestras reuniones en las calles. Nuestros líderes de grupo empezaron a trabajar en otros lugares, evitando Bhundi lo más posible. Tres años después, un nuevo grupo de misioneros nacionales se mudó al área bajo un liderazgo diferente y predicó de nuevo en este pueblo de calles concurridas.

Tan pronto como llegaron, un hombre empezó a romper los folletos y a estrangular a Samuel, un misionero de 19 años. A pesar de haber sido golpeado gravemente, Samuel se arrodilló en la calle y oró por la salvación de las almas de esa ciudad llena de odio.

"Señor", oró, "quiero volver aquí y servirte en Bhundi. Estoy dispuesto a morir aquí, pero quiero volver para servirte en este lugar."

Muchos líderes cristianos con experiencia le recomendaron que no tomara esa decisión, pero Samuel estaba decidido. Volvió y alquiló un cuarto pequeño. Llegaron paquetes de literatura y predicó enfrentando muchas dificultades. Hoy más de 100 personas se reúnen en una iglesia pequeña allí. Aquellos que en algún momento nos persiguieron ahora adoran al Señor Jesús, como pasó con el apóstol Pablo.

Esta es la clase de compromiso y de fe que se necesita para alcanzar al mundo con las buenas nuevas de Jesucristo.

Una vez llegamos a una ciudad al amanecer para predicar. Pero ya se había corrido la voz desde una aldea cercana en donde habíamos predicado el día anterior.

Mientras tomábamos el té de la mañana en un puesto de la calle, el líder militar local se me acercó con amabilidad. En voz baja que revelaba poca emoción, me dijo: "Súbanse a su camioneta y váyanse de la ciudad o en cinco minutos la quemaremos junto con ustedes".

Sabía que hablaba en serio. Una muchedumbre amenazante lo apoyaba. A pesar de que ese día "nos sacudimos el polvo de nuestros pies"; hoy hay una iglesia que se reúne en esa aldea. Para poder plantar el Evangelio, debemos arriesgarnos.

Durante meses viajé por las calles de tierra en el calor del día y temblé en las noches frías, sufriendo como otros miles de misioneros nacionales están sufriendo hoy para llevar el Evangelio a los perdidos. En los años venideros vería esos siete años de evangelismo en las aldeas como una de las mejores experiencias de aprendizaje de mi vida. Caminamos en los pasos de Jesús, encarnándolo y representándolo ante multitudes que nunca antes habían escuchado el Evangelio.

Estaba viviendo una vida de frenesí y ocupada. Me encontraba demasiado ocupado y entusiasmado con la obra del Evangelio para pensar en el futuro. Siempre había otra campaña por delante. Pero estaba por llegar a un momento decisivo.

Tres

Las semillas para el futuro cambio

En 1971 me invitaron a pasar un mes en Singapur en un instituto nuevo fundado por John Haggai. En ese momento todavía estaba en etapas de formación: un lugar en donde los líderes de la iglesia de Asia se entrenarían y serían desafiados a testificar acerca de Cristo.

Haggai tenía muchas anécdotas. En todas ellas, los cristianos eran vencedores y gigantes: hombres y mujeres que recibieron la visión de Dios y que se negaron a soltarla. La diligencia en su llamado era una virtud altamente galardonada.

Haggai fue la primera persona que me hizo creer que no había nada imposible para Dios. En él encontré a un hombre que se negaba a aceptar lo imposible. Los límites que otros aceptaban como normales no existían para él. Veía todo en términos globales y desde la perspectiva de Dios y rechazaba aceptar el pecado. Si no se había evangelizado al mundo, ¿por qué no hacerlo? Si la gente estaba hambrienta, ¿qué podíamos hacer al respecto? Haggai se negaba a aceptar al mundo como estaba. Y descubrí que él estaba dispuesto a asumir responsabilidad para convertirse en un agente de cambio.

Al final de ese mes en el instituto, John Haggai me desafió a la introspección más dolorosa que jamás experimenté. Ahora sé que se plantó en mí una inquietud que duraría por años, causando eventualmente que me fuera de la India para buscar en el exterior la voluntad definitiva de Dios para mi vida.

El desafío de Haggai parecía simple al principio. Quería que fuera a mi habitación y escribiera en un solo enunciado la cosa más importante que iba a hacer con el resto de mi vida. Especificó que no podía estar centrada en mí mismo o en la naturaleza mundana. Además, tenía que glorificar a Dios.

Fui a mi habitación a escribir ese enunciado. Pero la hoja permaneció en blanco por horas y por días. Perturbado porque quizás no podría alcanzar todo mi potencial en Cristo, comencé a reevaluar cada área de mi vida y ministerio durante la conferencia. Salí de la conferencia con esa pregunta sonando en mis oídos y por años continuaría escuchando las palabras de John Haggai: "Una cosa... para honrar a Dios, tienes que hacer una cosa".

Me fui de Singapur libre para pensar en mí como individuo por primera vez. Hasta ese momento como la mayoría de los asiáticos me había visto como parte de un grupo, ya fuera de mi familia o de un grupo de evangelismo. A pesar de que no tenía idea qué trabajo especial Dios tendría para mí como individuo, comencé a pensar en dar "lo mejor de mí" para Él. Las semillas para el futuro cambio habían sido plantadas y nada detendría las tormentas que se acercaban a mi vida.

Si bien mi gran pasión todavía eran las aldeas no alcanzadas del norte, ahora estaba viajando por toda la India.

En uno de estos viajes para dar conferencias en 1973, me invitaron a enseñar en la conferencia de entrenamiento de primavera de Operación Movilización en Madras (ahora Chennai). Ahí fue donde vi por primera vez a una atractiva muchacha alemana. Era estudiante en una de mis clases y me impresionó con la sencillez de su fe. De repente me encontré pensando que si ella fuese india, sería la clase de mujer con la cual me gustaría casarme algún día.

Una vez, cuando se cruzaron nuestros ojos, sostuvimos nuestras miradas por un instante (quizás un poco más) hasta que rompí el encanto y hui del salón. Los encuentros hombre-mujer me hacían sentir incómodo. En nuestra cultura, la gente soltera casi no se dirige la palabra. Hasta en la iglesia y en los grupos de evangelismo, los hombres y las mujeres se mantienen estrictamente separados.

Como estaba seguro de que no volvería a verla de nuevo, saqué de mi cabeza a la atractiva muchacha alemana. Pero tenía la idea de casarme. Había hecho una lista de seis cualidades que más quería en una esposa y frecuentemente oraba para que se tomara la decisión correcta.

Por supuesto, en la India las bodas son arregladas por los padres y yo tendría que confiar en su juicio en la selección de la persona adecuada para ser mi compañera de vida. Me preguntaba en dónde mis padres encontrarían a una esposa que estuviera dispuesta a compartir mi vida ambulante y mi compromiso a la obra del Evangelio. Pero a medida que la conferencia terminaba, los planes de evangelismo para el verano pronto remplazaron estos pensamientos.

Ese verano, junto con otros compañeros, volví a todos los lugares que había visitado durante los últimos años en el estado de Punjab. Había entrado y salido del estado varias veces y estaba ansioso por ver los frutos de nuestro ministerio allí.

La "canasta de pan" de la India, con su población de 24 millones es dominada por los turbantes sijes, un pueblo ferozmente independiente y trabajador que ha sido una casta de guerreros.

Antes de la división de la India y Pakistán, el estado también tenía una enorme población de musulmanes. Sigue siendo una de las áreas menos evangelizadas y más abandonadas del mundo.

Durante los dos años anteriores habíamos viajado y predicado en las calles por cientos de pueblos y aldeas en este estado. A pesar de que muchos misioneros británicos habían fundado muchos hospitales y escuelas en el estado, existían pocas congregaciones de creyentes. Los sijes sumamente nacionalistas rechazaban con tesón considerar el cristianismo porque lo asociaban directamente con el colonialismo británico.

Viajé con un buen número de hombres. Asignaron a un grupo selecto, constituido por mujeres, para trabajar en este estado, fuera de Jullundur. Camino al norte para unirme con un grupo de hombres al que lideraría, paré en la oficina central del norte de la India en Nueva Delhi.

Para mi sorpresa, allí estaba otra vez la muchacha alemana. Esta vez tenía puesto un sari, uno de nuestros vestidos nacionales más conocidos. Me enteré de que a ella también la habían asignado para trabajar en Punjab durante el verano en el grupo de mujeres.

El director local me pidió que la escoltara hacia el norte hasta Jullundur, así que fuimos en la misma camioneta. Me enteré de que su nombre era Gisela y cuanto más la conocía más me cautivaba. Comía y bebía e inconscientemente seguía todas las reglas de nuestra cultura. Lo poco que hablamos estaba enfocado a cosas espirituales y las aldeas perdidas de la India. Me di cuenta de que finalmente había encontrado un alma gemela que compartía mi visión y mi llamado.

El amor romántico para la mayoría de los indios es algo que sólo se lee en los libros de cuentos. Las películas atrevidas aunque con frecuencia tratan este concepto son prudentes y terminan según la apropiada costumbre india. Así que me estaba enfrentando con el gran problema de comunicar mi amor prohibido e imposible. Por supuesto no le dije nada a Gisela. Pero algo en sus ojos me decía que ambos entendíamos. ¿Podría Dios unirnos?

En unas pocas horas estaríamos separados nuevamente y me recordé que tenía otras cosas que hacer. Además, pensé: "cuando termine el verano ella se irá a Alemania y probablemente nunca la volveré a ver." Durante el verano, sorpresivamente, nuestros caminos se cruzaron otra vez. En cada encuentro, sentía que mi amor crecía más. Luego tentativamente me tomé el atrevimiento de expresarle mi amor en una carta.

Mientras tanto, la encuesta en Punjab rompió mi corazón. En cada aldea, nuestra literatura y nuestras predicaciones parecían haber tenido un impacto de poca duración. El fruto no había permanecido. La mayoría de los aldeanos que visitábamos parecían tan analfabetos y perdidos como siempre. La gente todavía estaba atrapada en enfermedad, pobreza y sufrimiento. El Evangelio, según lo veía yo, no había asentado raíces.

En un pueblo sentí tal desesperación que literalmente me senté en el borde de la acera y lloré. Gemí con lágrimas de angustia como sólo un niño puede llorar.

"Tu trabajo no sirve para nada", se burlaba un demonio a mi oído. "¡Tus palabras ruedan fuera de esta gente como el agua de la espalda de un pato!"

Sin darme cuenta de que me estaba agotando, o de lo que me estaba pasando espiritualmente, caí en desanimo. Como Jonás y Elías, estaba demasiado cansado para seguir. Solamente podía ver una cosa: que el fruto de mi trabajo no permanecía. Más que nunca, necesitaba tiempo para volver a evaluar mi ministerio.

Gisela y yo nos manteníamos en contacto por correspondencia. En medio de todo esto, ella había vuelto a Alemania. Decidí que me tomaría dos años sin trabajar en la obra para estudiar y tomar algunas decisiones vitales sobre mi ministerio y mi posible matrimonio.

Comencé a escribir cartas al exterior y la posibilidad de asistir a un instituto bíblico en Inglaterra empezó a interesarme. También tuve invitaciones para predicar en iglesias de Alemania. En diciembre compré un pasaje de avión saliendo de la India para estar en Europa durante la Navidad con la familia de Gisela.

Mientras estaba allí sentí los primeros temblores de lo que pronto se convertirían en un terremoto de impacto cultural. Al caer la nieve, era obvio para todos que pronto necesitaría comprarme un abrigo y botas, obvio para todos menos para mí. Un vistazo a los precios me dejaron traumado profundamente. Por el precio de mi abrigo y mis botas en Alemania, podría haber vivido cómodamente durante meses en la India.

Y este concepto de vivir por fe era difícil de aceptar para los padres de Gisela. Aquí estaba este pobre predicador de las calles de la India, sin siquiera un dólar en el bolsillo, insistiendo en que se iba al instituto pero no sabía a dónde y ahora pidiéndoles la mano de su hija.

A pesar de esto, ocurrió milagro tras milagro y Dios suplía cada necesidad.

Primero, llegó una carta de E.A. Gresham, una persona completamente desconocida de Dallas, Texas, que era director regional de la Fellowship of Christian Athletes (Hermandad de Atletas Cristianos). Él había escuchado de mí por un amigo escocés y me invitó a ir a los Estados Unidos por dos años a estudiar lo que era entonces el instituto bíblico de Criswell en Dallas. Acepté y reservé un vuelo económico en un chárter a Nueva York con el último dinero que tenía.

Resultó ser que este vuelo también se convirtió en un milagro. Sin saber que necesitaba una visa especial de estudiante, compré el pasaje sin opción de reembolso. Si perdía el vuelo, perdería mi asiento y mi pasaje.

Oré con mi última pizca de fe, pidiéndole a Dios su intervención para conseguir el papeleo de la visa. Mientras oraba, un amigo en Dallas, Texas, fue movido extraordinariamente por Dios a salir de su auto, volver a la oficina y completar mi papeleo para llevarlo personalmente al correo. En una serie continua de coincidencias divinas, los formularios llegaron a horas de la fecha límite.

Antes de partir a América, Gisela y yo nos comprometimos. Sin embargo iría al seminario solo. No teníamos idea cuándo nos volveríamos a ver de nuevo.

Cuatro

Caminé en el aturdimiento

Mientras cambiaba de avión para ir a Dallas en el aeropuerto internacional JFK en Nueva York, me sentí abrumando por los carteles y los sonidos que me rodeaban. Aquellos que nacimos en Europa y en Asia escuchamos historias sobre la abundancia y la prosperidad de los Estados Unidos; pero hasta que no lo vez con tus propios ojos las historias parecen cuentos de hadas.

Los estadounidenses no sólo no se dan cuenta de su abundancia, sino que hasta pareciera que en ciertos momentos la desprecian. Mientras estaba buscando una silla en la sala de espera, me quedé asombrado de cómo trataban su ropa hermosa y sus zapatos. La riqueza de las telas y de los colores era mucho más de lo jamás había visto. Como descubriría una y otra vez, esta nación rutinariamente da por hecho su increíble riqueza.

Como lo haría muchas veces, casi a diario en las siguientes semanas, comparaba su ropa con la de los misioneros nacionales evangelistas a quienes había dejado hacía unas pocas semanas. Muchos de ellos caminaban descalzos por las aldeas o trabajaban con sus sandalias delgadas. Su ropa de algodón deshilachada no sería aceptable ni para trapo de limpieza en los Estados Unidos. Después descubrí que la mayoría de los estadounidenses tiene el clóset lleno de ropa que usan ocasionalmente, y me acordé de los años en que viajé y trabajé sólo con la ropa que llevaba puesta. Y eso que había vivido un estilo de vida normal para la mayoría de los evangelistas de las aldeas.

El economista Robert Heilbroner describe los lujos que una familia estadounidense típica tendría que dejar si viviera entre los mil millones de personas hambrientas que hay en los países subdesarrollados con la mayor concentración de población mundial:

> Empezamos invadiendo la casa de nuestra familia estadounidense imaginaria para quitarles sus muebles. Sacamos todo: camas, sillas, mesas, televisores, lámparas. Dejaríamos a la familia con unas pocas cobijas viejas, una mesa de cocina y una silla de madera. Junto con la cómoda sacaríamos la ropa. Cada miembro de la familia podría poner en el guardarropa su atuendo más viejo, una camisa o una blusa. Le permitiríamos al jefe de familia quedarse con un par de zapatos, pero nada para la esposa ni para los hijos.
>
> Ahora pasamos a la cocina. Los electrodomésticos ya se habrían sacado, así que nos dijimos a los anaqueles... Podríamos dejar una caja de fósforos, un paquete de harina pequeño, un poco de azúcar y sal. Se podrían rescatar algunas papas con moho que ya estaban en la basura para la cena de esa noche. Dejaríamos un puño de cebollas y un plato con frijoles secos. Y todo lo demás lo sacaríamos: la carne, los vegetales frescos, la comida enlatada, las galletas y las golosinas.
>
> Habríamos vaciado la casa: el baño habría sido desmantelado, el agua corriente se habría cortado, los cables de electricidad se habrían sacado. Luego quitaríamos la casa. La familia podría mudarse al cobertizo... Lo que seguiría quitar sería la comunicación. No más periódicos, revistas, libros; no porque se echen de menos, sino porque deberíamos quitar todo lo referente al alfabetismo de nuestras familias. En vez de eso, en nuestro barrio empobrecido permitiríamos una radio...
>
> Después quitaríamos los servicios del estado. No más carteros, ni bomberos. Habría una escuela, pero estaría a cinco kilómetros y tandría dos aulas solamente... Por su puesto que no habría hospitales, ni doctores cerca. La clínica más cercana estaría a 16 km. de distancia y la atendería una partera. Se podría llegar en bicicleta, si la familia tiene una bicicleta, lo cual no es muy probable...
>
> Finalmente, el dinero. Le dejaremos a nuestra familia un monto de cinco dólares como reserva. Esto le evitaría a nuestro jefe de familia experimentar la tragedia de un campesino iraní. El cual se quedó ciego por no poder juntar $3.94, que erróneamente

pensó que necesitaba para ser admitido en un hospital en donde podría haber sido curado.[1]

Esta es una descripción exacta del estilo de vida del mundo de donde vengo. Desde el momento en que puse mis pies en tierra estadounidense, caminé en un increíble aturdimiento. ¿Cómo podían coexistir simultáneamente dos economías tan diferentes en la tierra? Al principio todo era muy abrumador y confuso para mí. No solamente tenía que aprender los procedimientos simples (como usar el teléfono o cambiar efectivo) sino que también como cristiano susceptible, me encontré constantemente haciendo evaluaciones espirituales de todo lo que veía.

A medida que los días se convertían en semanas, alarmado empecé a entender cuán fuera de lugar estaban los valores espirituales para la mayoría de los creyentes occidentales. Triste de decirlo, pero me parecía que la mayoría había absorbido los mismos valores humanísticos y materialistas que dominaban la cultura secular. Casi inmediatamente tuve la sensación de que había un tremendo juicio sobre los Estados Unidos y de eso tenía que advertir al pueblo de Dios: que Él no iba a desperdiciar esa abundancia en ellos para siempre. Pero el mensaje todavía no se había formado en mi corazón y tomaría años antes de que sintiera la unción y la valentía de hablar en contra de tal pecado.

Mientras tanto en Texas, una tierra que en muchas formas es la representación de los Estados Unidos, me impactaban las cosas más comunes. Mis anfitriones señalaban con entusiasmo lo que consideraban sus mayores logros. Asentía con amabilidad mientras me mostraban sus grandes iglesias, sus enormes edificios y universidades. Pero estos no me impresionaban mucho. Después de todo, yo había visto el Golden Temple en Amristar, el Taj Mahal, los palacios en Jhans y la Universidad de Baroda en Gujarat.

Lo que impresiona a los visitantes de países subdesarrollados son las cosas simples que los americanos dan por hecho: agua fresca disponible las 24 horas del día, electricidad ilimitada, teléfonos que funcionan y el impresionante sistema de caminos pavimentados. Comparado con los países occidentales, las cosas en Asia todavía están en desarrollo. En ese momento, todavía no teníamos televisión en la India, pero parecía que los anfitriones estadounidenses tenían un televisor en cada habitación y los usaban día y noche. Esta continua exposición a los medios de comunicación me perturbaba. Por alguna razón, los estadounidenses necesitaban rodearse de ruido todo el tiempo. Hasta noté que en los vehículos las radios estaban encendidas aunque nadie las escuchase.

¿Por qué tenían que estar siempre entretenidos o entreteniendo?, me preguntaba. Era como si estuviesen intentando escapar de una culpa que aún no podían definir ni identificar.

Me daba cuenta constantemente de cuan grandes y excedidos de peso parecían estar muchos estadounidenses. Necesitan vehículos grandes, casas grandes y muebles grandes porque ellos son grandes.

Me impresionó lo importante que era comer, beber, fumar y hasta usar drogas en el estilo de vida occidental. Hasta entre cristianos la comida era la parte más importante en los eventos de compañerismo cristiano.

Por supuesto que esto no está mal. Las "reuniones fraternales donde se compartía el pan" fueron una parte importante en la vida de la iglesia del Nuevo Testamento. Pero el acto de comer se puede llevar a extremos. Una de las ironías de esto es el relativamente precio bajo que los estadounidenses pagan por la comida. En 1998, los gastos personales en los Estados Unidos se promediaron en $19.049 por persona, de los cuales $1.276 (el 6.7 por ciento) se iba en comida, dejando cómodamente $17.773 para otros gastos. En la India, una persona promedio sólo tiene para gastar $276, de los cuales $134 (el 48.4 por ciento) se iba en comida, dejando unos escasos $142 para las necesidades de todo el año.[2] Había vivido con esta realidad cada día, pero a los estadounidenses les costaba trabajo pensar en estos términos.

Frecuentemente, cuando hablaba en una iglesia, parecía que la gente se inquietaba cuando les contaba del sufrimiento y de las necesidades de los evangelistas nacionales. Generalmente tomaban una ofrenda y me la entregaban en un cheque con lo que parecía una gran suma de dinero. Luego, con la hospitalidad de siempre, me invitaban a comer con los líderes después de la reunión. Me horrorizaba que la comida y el "compañerismo" frecuentemente costaban más que el dinero que recién me habían dado para las misiones. Me impresionaba ver que las familias estadounidenses rutinariamente comían suficiente carne en una comida como para alimentar a una familia asiática durante una semana. Parecía ser que el único que lo notaba era yo y lentamente me di cuenta de que no escuchaban la intención de mi mensaje. Simplemente eran incapaces de entender las enormes necesidades más allá de las fronteras.

Hasta ahora a veces me cuesta pedir comida libremente cuando viajo en los Estados Unidos. Miro los precios y me doy cuenta cuánto rendiría la misma cantidad de dinero en la India, Myanmar (anteriormente Burma) o en las Filipinas. De repente, ya no tengo tanta hambre como antes.

Muchos misioneros nacionales y sus familias pasan días sin comer, no porque estén ayunando voluntariamente sino porque no tienen dinero ni para comprar arroz. Esto ocurre especialmente cuando comienzan una obra en aldeas en donde no hay creyentes.

Cuando recuerdo el doloroso sufrimiento de los hermanos nacionales, frecuentemente rechazo el postre que me ofrecen. Estoy seguro de que esto no influye a la hora de proveer comida a las familias hambrientas, pero no soportaría tener el placer de comerlo mientras los obreros cristianos en Asia pasan hambre. La necesidad se volvió real para mí a través del ministerio del hermano Moses Paulose, uno de los misioneros nacionales que patrocinamos.

Millones de pescadores pobres, sin educación, viven junto a miles de islas e interminables kilómetros de costas apartadas en Asia. Sus hogares frecuentemente son pequeñas chozas hechas de hojas y su estilo de vida es simple: mucho trabajo y poco placer. Estos pescadores y sus familias son algunas de las personas menos alcanzadas del mundo. Pero Dios llamó a Paulose y a su familia para llevar el Evangelio a las aldeas pesqueras no alcanzadas de Tamil Nadu en la costa este de la India.

Recuerdo que visité a la familia de Paulose. Una de las primeras cosas que él descubrió cuando empezó a visitar las aldeas fue que el índice de alfabetismo era tan bajo que no podía usar tratados o material impreso con efectividad. Decidió usar diapositivas, pero no tenía ni proyector ni dinero para comprar uno. Así que realizó varios viajes a un hospital donde vendió su sangre hasta que obtuvo el dinero que necesitaba.

Era emocionante ver a las multitudes atraídas por las diapositivas proyectadas. Tan pronto colgaba la sábana blanca que servía como pantalla, miles de adultos y de niños se juntaban en la playa. La Sra. Paulose cantaba canciones cristianas por el altavoz enchufado a la batería de un auto y su hijo de cinco años citaba versículos bíblicos a los que pasaban.

Cuando se ponía el sol, el hermano Paulose empezaba la presentación de diapositivas. Por varias horas, miles se sentaban en la arena, escuchando el mensaje del Evangelio mientras el mar murmuraba a sus espaldas. Cuando finalmente empacamos para irnos, tenía que caminar con cuidado para no pisar a los cientos de niños durmiendo en la arena.

Pero detrás de todo esto se escondía la tragedia de hambre secreta que Paulose y su familia estaban enfrentando. Una vez escuché del gran sufrimiento de su esposa consolando a sus hijos y rogándoles que bebieran agua del biberón para resistir los retortijones de hambre. No había suficiente dinero en la casa para leche. Le daba vergüenza que sus vecinos no creyentes supieran que no tenían comida. Así que Paulose mantenía cerradas las ventanas y las puertas de la casa de una habitación que alquilaba para que nadie escuchara llorar a sus cuatro hijos hambrientos.

En otra ocasión, uno de sus hijos mal nutridos se quedó dormido en la escuela porque estaba muy débil por el hambre.

"Me da vergüenza contarle a la maestra o a nuestros vecinos", me dijo. "Sólo Dios, nuestros hijos, mi esposa y yo conocemos la verdadera historia. No tenemos quejas y ni siquiera tristeza. Estamos gozosos y completamente felices por nuestro servicio al Señor. Es un privilegio ser dignos de sufrir en Su nombre..."

Aún cuando la maestra castigaba a sus hijos por no prestar atención en clases, Paulose no contaría su secreto sufrimiento y así avergonzar el nombre de Cristo. Afortunadamente en este caso, pudimos mandarle apoyo económico inmediato, gracias a la ayuda de generosos cristianos estadounidenses. Pero para muchos otros, la historia no tiene un final feliz.

¿Es culpa de Dios que hombres como el hermano Paulose pasen hambre? No lo creo. Dios ha provisto dinero más que suficiente para suplir las necesidades de Paulose y todas las necesidades de países subdesarrollados. El dinero necesario está en las naciones altamente desarrolladas del occidente. Sólo los cristianos de Norteamérica, sin mucho sacrificio, pueden suplir todas las necesidades de las iglesias en estos países.

Recientemente un amigo en Dallas me mostró el edificio nuevo de una iglesia que costó $74 millones. Mientras este pensamiento todavía estaba detonando en mi mente, señaló otro edificio de otra iglesia de $7 millones que se estaba construyendo a menos de un minuto de distancia.

Estos edificios extravagantes son una locura para la perspectiva de países subdesarrollados. Con los $74 millones gastados en un edificio nuevo en los Estados Unidos, se podrían construir más de 6.000 iglesias en la India de un tamaño promedio. Los mismos $74 millones serían suficientes para garantizar que las Buenas Nuevas de Jesucristo se proclamen en todo un estado de la India o aún en algunos países más pequeños de Asia.

Pero hablé poco de estos temas. Me di cuenta de que era un invitado. Los estadounidenses que habían construido estos edificios también habían edificado el instituto al que estaba asistiendo y estaban pagando mi matrícula para poder asistir. Sin embargo, me asombra que estos edificios hayan sido construidos para adorar a Jesús, quien dijo: "Las zorras tienen guaridas, y las aves del cielo nidos; mas el Hijo del Hombre no tiene dónde recostar su cabeza" (Mateo 8:20).

Actualmente en Asia Cristo está todavía deambulando sin hogar. Está buscando dónde recostar Su cabeza, pero en templos "no hechos por manos humanas". Hasta que puedan construir instalaciones propias, nuestros cristianos "recién nacidos" frecuentemente se reúnen en sus hogares. En comunidades no cristianas, frecuentemente es imposible alquilar instalaciones para iglesias.

Hay tanto énfasis en construir iglesias en los Estados Unidos que a veces nos olvidamos de que la iglesia es la gente, no el lugar donde la gente se reúne.

Pero Dios no me llamó a luchar en contra de los programas para la construcción de iglesias. De hecho cuando es posible, intentamos proveer edificios adecuados para las pequeñas iglesias crecientes en Asia. Lo que más me preocupa de este desperdicio es que estos esfuerzos frecuentemente representan un modo mundano de pensar. ¿Por qué no podemos por lo menos apartar el 10 por ciento de nuestras ofrendas para la evangelización mundial? Si solamente los cristianos en los Estados Unidos hubiesen hecho este compromiso en el 2000, ¡tendríamos cerca de $10 mil millones disponibles para el evangelismo![3]

Cinco

Una nación dormida en esclavitud

Descubrí que la religión es un negocio multimillonario en los Estados Unidos. Al entrar en las iglesias, me impactaba el alfombrado, los muebles, el aire acondicionado y la decoración. Muchas iglesias tienen gimnasios y fraternidades que ofrecen muchísimas actividades que no tienen mucho que ver con Cristo. Las orquestas, los coros, la música "especial" y a veces hasta las predicaciones, me parecían más entretenimiento que adoración.

Muchos de los cristianos norteamericanos viven aislados de la realidad, no sólo de las necesidades de los pobres más allá de la frontera, sino también de los pobres de su propia ciudad. En medio de toda esta abundancia viven millones de personas muy pobres y abandonadas porque los cristianos se han mudado a los suburbios. Noté que los creyentes están listos para involucrarse en cualquier actividad que parezca espiritual pero que les permita escaparse de su responsabilidad del Evangelio.

Por ejemplo, una mañana tomé una revista cristiana conocida que tenía artículos interesantes, historias y reportajes de todo el mundo; la mayoría escrito por famosos líderes cristianos occidentales. Me di cuenta de que esta revista hacía publicidad a 21 institutos, seminarios y cursos por correspondencia cristianos; 5 diferentes traducciones en inglés de la Biblia; 7 conferencias y retiros espirituales, 5 películas cristianas nuevas; 19 comentarios y libros devocionales; 7 programas cristianos de dieta y salud y 5 servicios de recaudación de fondos.

Pero eso no era todo. Había anuncios de todo tipo de productos y servicios: consejería, servicio de capellanía, cursos de escritura, campanarios para iglesias, togas para coros, cruces para la pared, bautisterios, calentadores de agua, camisetas, discos, casetes, agencias de adopción, tratados, poemas, regalos, clubes de lectura y amigos por correspondencia. Todo era bastante impresionante. Probablemente ninguna de estas cosas estaban mal, pero me molestaba que una nación tuviera tales lujos espirituales mientras que cada día 40.000 personas morían en mi tierra natal sin escuchar el Evangelio una vez.

Si la abundancia de Estados Unidos me impresionaba, la de los cristianos me impresionaba más todavía. Estados Unidos tiene cerca de 5.000 librerías y negocios de regalos cristianos,[1] con una variedad de productos más allá de lo que yo podía imaginar y muchos negocios seculares también cuentan con libros religiosos. ¡Todo esto mientras que 4.845 de los 6.912 idiomas en el mundo todavía están sin siquiera una porción de la Biblia publicada en su idioma![2] En el libro *My Billion Bible Dream* (Mi sueño de mil millones de Biblias), Rochunga Pudaite dice: "El ochenta y cinco por ciento de todas las Biblias impresas hoy están en inglés para el nueve por ciento del mundo que lee inglés. El ochenta por ciento de la gente en todo el mundo nunca tuvo una Biblia mientras que los estadounidenses tienen un promedio de cuatro Biblias por casa".[3]

Además de los libros, 8.000 revistas y periódicos cristianos se fortalecen.[4] Más de 1.600 estaciones de radios cristianas transmiten el Evangelio a tiempo completo,[5] mientras que otros países no tienen ni siquiera una estación de radio cristiana. Un pequeño porcentaje del 0.1 de los programas cristianos de radio y televisión se dirige al mundo no evangelizado.[6]

La observación más triste que puedo hacer sobre la actividad de comunicación religiosa en el occidente sería esta: Muy poco, si hay algo, de estos medios de comunicación está diseñado para alcanzar a los no creyentes. Casi todo es entretenimiento para los santos.

Los Estados Unidos con sus 600.000 congregaciones o grupos es bendecido con un millón y medio de obreros cristianos a tiempo completo, o con un líder religioso a tiempo completo por cada 182 personas en la nación.[7] Qué diferente es esto al resto del mundo, donde más de 2 mil millones de personas todavía no han sido alcanzadas con el Evangelio. Los pueblos no alcanzados o "escondidos" tienen solamente un obrero misionero por cada 78.000 personas[8] y todavía hay 1.240 distintos grupos culturales en el mundo sin siquiera una iglesia entre ellos para predicar el Evangelio.[9] Estas son las multitudes por las cuales Cristo lloró y murió.

Una de las bendiciones más impresionantes en los Estados Unidos es la libertad religiosa. No sólo los cristianos tienen acceso a la radio y la televisión, insólito en la mayoría de las naciones de Asia; sino que también tienen libertad para reunirse, evangelizar y publicar literatura. Qué diferente es esto de muchas naciones asiáticas en las que la persecución del gobierno a los cristianos es común y a veces legal.

Como fue el caso en Nepal, en donde hasta hace unos pocos años era ilegal cambiarse de religión o influenciar a otros para cambiar su religión. En aquellos días, los cristianos enfrentaban prisión por su fe.

Allí estuvo cumpliendo condena un misionero nacional, en 14 diferentes cárceles entre 1960 y 1975. Pasó 10 de esos 15 años sufriendo torturas y siendo ridiculizado por predicar el Evangelio a su pueblo.

Su horrible experiencia comenzó cuando bautizó a nueve creyentes recién convertidos y fue arrestado por eso. Estos cinco hombres y cuatro mujeres fueron arrestados también y cada uno fue sentenciado a un año de prisión. Él fue sentenciado a seis años por influenciarlos.

La prisión a donde los mandaron era literalmente un calabozo de muerte. Metían a la fuerza a 25 o 30 personas en una sola habitación sin ventilación ni servicios sanitarios. El olor era tan horrendo que los nuevos reclusos frecuentemente se desmayaban en menos de media hora.

El lugar a donde mandaron al hermano P. y a sus compañeros estaba lleno de piojos y cucarachas. Los presos dormían en los pisos de tierra. En la noche las ratas y los ratones les mordisqueaban los dedos de las manos y los pies. No había calefacción en el invierno ni ventilación en el verano. Para alimentarse, los presos podían comer una taza de arroz por día, pero tenían que hacer fuego en el piso para cocinarlo. La habitación estaba constantemente llena de humo porque no había chimenea. Debido a la dieta inadecuada, la mayoría de los presos se enfermaban gravemente y el hedor de vómito se sumaba a los otros olores putrefactos. Sin embargo, milagrosamente ninguno de los cristianos se enfermó ni siquiera por un día en todo ese año.

Después de cumplir sus sentencias de un año, liberaron a los nueve creyentes recién convertidos. Luego las autoridades decidieron doblegar al hermano P. Le quitaron la Biblia, lo encadenaron de manos y pies y lo forzaron a pasar a través de una entrada pequeña a un cuarto diminuto que había sido usado para guardar los cadáveres de los presos hasta que sus parientes los reclamasen.

En la húmeda oscuridad, el carcelero le pronosticó que su cordura duraría sólo unos días. El cuarto era tan chico que el hermano P. no se podía parar ni estirarse en el piso. No podía hacer una fogata para cocinar, así que otros presos le pasaban comida por debajo de la puerta para mantenerlo vivo.

Los piojos comían su ropa interior pero no podía rascarse por las cadenas; que pronto laceraron sus muñecas y sus tobillos hasta los huesos. Era invierno y casi muere congelado varias veces. No podía diferenciar el día de la noche pero cuando cerraba sus ojos Dios le permitía ver las páginas del Nuevo Testamento. A pesar que le habían quitado su Biblia, podía leerla en la oscuridad total. Esto lo sostuvo mientras sobrevivía la tremenda tortura. Por tres meses no le permitieron hablar con otra persona.

El hermano P. fue transferido a muchas otras cárceles. En cada una, compartía continuamente su fe tanto con los guardias como con los presos.

Aunque el hermano P. llegaba y se iba de las cárceles no quiso formar iglesias secretas. "¿Cómo puede un cristiano mantenerse callado?", preguntaba. "¿Cómo puede una iglesia estar oculta?" Jesús murió públicamente por nosotros. No trató de ocultarse camino a la cruz. Nosotros también debemos hablar con denuedo de Él a pesar de las consecuencias".

Viniendo de la India, donde fui golpeado y apedreado por mi fe, sé lo que es pertenecer a una minoría perseguida en mi propio país. Cuando pisé suelo occidental, pude sentir un espíritu de libertad religiosa. Los estadounidenses no han conocido el temor de la persecución. Nada les parece imposible.

Desde la India, siempre había visto a los Estados Unidos como una fortaleza del cristianismo. Con abundancia tanto espiritual como material, prosperidad sin igual de entre todas las naciones de la tierra y una iglesia totalmente libre de restricciones; esperaba ver testigos con denuedo. La gracia de Dios obviamente ha sido derramada en esta nación e iglesia de una manera como ninguna otra ha experimentado jamás.

Sin embargo encontré a una iglesia en deterioro espiritual. Los creyentes estadounidenses todavía eran los primeros patrocinadores de las misiones, pero esto parecía ser más por accidente histórico que por una convicción profunda como la que me esperaba encontrar. Al hablar en las iglesias y conocer al cristiano promedio, descubrí que tenían tremendos conceptos erróneos sobre el mandato misionero de la iglesia. En las reuniones de las iglesias, mientras escuchaba las preguntas de mis anfitriones y oía sus comentarios sobre los países subdesarrollados; mi corazón estallaba de dolor. Sabía que esta gente era capaz de mucho más. Estaban muriendo espiritualmente, pero sabía que Dios les quería dar vida nuevamente. Quería que Su iglesia recuperara su mandato moral y sentido misionero.

Pero aún no sabía cómo, ni cuándo. Pero sabía una cosa: Dios no había derramado tantas bendiciones sobre esta nación para que los cristianos vivan en extravagancia, autocomplacencia y debilidad espiritual.

Por fe, podía ver venir un avivamiento, el cuerpo de Cristo redescubriendo el poder del Evangelio y su obligación a este. Pero por el momento todo lo que podía hacer era darme cuenta de lo mal que estaba la situación, y de orar. Dios no me había dado las palabras para expresar lo que estaba viendo, o una plataforma sobre la cual hablar. Sino que todavía tenía algunas lecciones importantes que enseñarme y las iba a aprender en esta tierra extraña, lejos de mi querida India.

Seis

¿Qué haces aquí?

La Biblia dice que "algunos plantan" y "otros riegan". El Dios viviente ahora me llevaba a la mitad del camino para enseñarme sobre el riego. Antes de que Él me confiara "el plantar" nuevamente, tenía que aprender la lección que había estado evitando en la India: la importancia de la iglesia local en el plan maestro de Dios para la evangelización del mundo.

En realidad empezó con esas coincidencias extrañas, una cita divina que sólo un Dios soberano podía ingeniar. En ese momento era un ocupado estudiante de teología en Dallas en el Instituto Bíblico de Criswell, absorbiendo atentamente cada una de mis clases. Gracias a la beca que milagrosamente Dios había provisto, podía escudriñar la Palabra de Dios como nunca antes. Por primera vez estaba haciendo un estudio formal y a fondo y la Biblia me estaba revelando muchos de sus secretos.

Después de mi primer periodo escolar Gisela y yo nos casamos y ella llegó a Dallas al comienzo del siguiente periodo en octubre de 1974. Excepto por los compromisos para predicar y las oportunidades de compartir sobre Asia los fines de semana, estaba completamente dedicado a mis estudios y a establecer nuestro nuevo hogar.

Un fin de semana un compañero me invitó a predicar en una iglesia pequeña que estaba pastoreando en Dallas. A pesar de que era una congregación estadounidense había muchos nativos americanos en la congregación.

Gisela estaba muy contenta porque durante su infancia había orado para ser misionera a "los indios rojos, en las grandes planicies de Estados Unidos". Mientras las otras compañeras soñaban con casarse con un príncipe encantador, ella oraba por ser misionera entre los nativos estadounidenses. Descubrí para mi sorpresa que había juntado y leído más de 100 libros sobre la vida tribal y la historia de los indios nativos estadounidenses.

Me sentí extrañamente desafiado y con una carga por esta pequeña congregación, así que prediqué con todo el corazón. No mencioné ni una vez mi visión, ni mi carga por Asia. Sino que expuse las escrituras versículo tras versículo. Emanó de mí un inmenso amor por esta gente.

Aunque no lo sabía, mi amigo pastor entregaba su renuncia ese mismo día. Los diáconos me invitaron a volver la semana siguiente y la siguiente. Dios nos dio un amor sobrenatural por esta gente y ellos también nos amaban. A finales de ese mes la junta directiva de la iglesia me invitó a ser el pastor, a mis 23 años de edad. Cuando Gisela y yo aceptamos el llamado, inmediatamente me encontré llevando una carga por estas personas las 24 horas del día.

Más de una vez, me acordaba con vergüenza cómo había despreciado a los pastores y sus problemas en la India. Ahora que me encontraba restaurando relaciones, sanando heridas espirituales y manteniendo la unidad del grupo; empecé a ver las cosas completamente diferentes. Algunos de los problemas que el pueblo de Dios enfrenta son los mismos en todo el mundo; así que predicaba en contra del pecado y a favor de vivir en santidad. Con otros problemas, como el divorcio (una epidemia en el occidente, pero algo nunca oído en la India cuando vine por primera vez a este país) no estaba preparado para lidiar.

Aunque mi peso había aumentado a 48 kilogramos, casi me caigo cuando intenté bautizar a un nuevo creyente de113 kilogramos en uno de nuestros bautismos regulares. La gente venía continuamente a Cristo, haciendo de nosotros una iglesia creciente, que ganaba almas, con reuniones seis veces por semana.

Los días se convirtieron rápidamente en meses. Cuando no estaba en clases, estaba con mi gente entregándome con la misma entrega que caracterizaba mis predicaciones en las aldeas del norte de la India. Aprendimos a visitar hogares, a visitar a los enfermos en los hospitales, a oficiar casamientos y entierros. Gisela y yo estábamos involucrados en la vida de nuestra gente día y noche. Como teníamos la representación de varios grupos tribales de indios estadounidenses en nuestra congregación, así como también "anglos", pronto nos dimos cuenta de que estábamos ministrando a varias culturas diferentes simultáneamente.

La "permanencia" y el hacer discípulos fueron las características que le faltaron a mi ministerio en el norte de la India. Me di cuenta por qué había fallado en Punjab. No es suficiente tener campañas evangelísticas y llevar a la gente a Cristo: alguien tiene que quedarse detrás y cultivar la madurez de los nuevos creyentes.

Por primera vez empecé a entender el objetivo de toda la obra misionera, la "perfección" de los santos, a ser discípulos santificados y comprometidos con Cristo. Jesús nos mandó a ir a todas las naciones, bautizándoles y enseñándoles a obedecer todas las cosas que Él había revelado. El ministerio del grupo de evangelismo que había liderado estaba yendo, pero no se quedaban para enseñarles.

La iglesia, es decir, un grupo de creyentes, es el lugar ordenado por Dios para que se lleve a cabo el proceso de discipular. La iglesia es el plan principal de Dios para la redención del mundo y Él no tiene un plan alternativo.

Mientras pastoreaba la congregación local, el Señor me reveló que se necesitaban las mismas cualidades en los evangelistas misioneros nacionales, hombres y mujeres que pudieran alcanzar a los pueblos lejanos de Asia. En mi imaginación veía que estos mismos conceptos de discipulado estaban injertándose en la India y en toda Asia. Así como ocurrió con los primeros metodistas que plantaron iglesias en la frontera estadounidense, podía ver a nuestros evangelistas sumando la plantación de iglesias a sus esfuerzos evangelísticos.

Pero aunque el concepto me capturó, me di cuenta de que tomaría una gran cantidad de personas del pueblo de Dios llevar a cabo esta tarea. Solamente en la India, hay 500.000 aldeas sin un testigo del Evangelio. Y también está China, el sudeste de Asia y las islas. Necesitaríamos un millón de obreros para terminar esta tarea.

Esta idea era demasiado grande para mí como para aceptarla, así que la saqué de mi mente. Después de todo, pensaba, Dios me había llamado a esta pequeña iglesia aquí en Dallas y Él estaba bendiciendo mi ministerio. Estaba muy cómodo allí. Con el respaldo de la iglesia y nuestro primer bebé en camino había empezado a aceptar el estilo de vida occidental como propio con todo: una casa, automóvil, tarjetas de crédito, pólizas de seguro y cuentas bancarias.

Mis estudios formales continuaban mientras me preparaba para cómodamente edificar a la iglesia. Pero mi paz con respecto a quedarme en Dallas se estaba yendo. Para fines de 1976 y principios de 1977 escuchaba una voz acusadora cada vez que me paraba en el púlpito: "¿Qué haces aquí? Mientras le predicas a una próspera congregación estadounidense, millones se están yendo al infierno en Asia. ¿Has olvidado a tu pueblo?"

Se creó en mí un conflicto interno tremendo. No podía reconocer la voz. ¿Era Dios? ¿Era mi propia conciencia? ¿Era demoníaco? En la desesperación, decidí esperar el plan de Dios. Yo había dicho que iríamos a cualquier lugar, que haríamos cualquier cosa, pero definitivamente lo teníamos que escuchar de Dios. No podía seguir trabajando con esa voz martirizante. Anuncié a la iglesia que estaba orando y les pedí que se unieran a buscar la voluntad de Dios para nuestro ministerio en el futuro.

"Parece que no tengo paz", les admití, "de quedarme en los Estados Unidos o de regresar a la India".

Me preguntaba: "¿qué es lo que Dios realmente trata de decirme?" Mientras oraba y ayunaba, Dios se me reveló en una visión. La visión volvió varias veces hasta que entendí la revelación. Se me aparecieron muchos rostros, los rostros de hombres asiáticos y sus familias de varias tierras. Eran mujeres y hombres santos, con miradas de dedicación en sus rostros. Gradualmente, entendí que esta gente era una imagen de la iglesia indígena que ahora se está levantando para llevar el Evangelio a cada parte de Asia.

El Señor me habló después: "No pueden hablar lo que hablarás. No irán a donde irás. Fuiste llamado para ser su siervo. Debes ir a donde Yo te enviaré en nombre de ellos. Fuiste llamado para ser su siervo".

Relámpagos cubrieron el cielo formando una tormenta y mi vida entera pasó delante de mí en un instante. No hablé inglés hasta mis 16 años, sin embargo ahora estaba ministrando en este idioma extraño. Nunca había usado zapatos sino hasta mis 17 años. Había nacido y crecido en una aldea en la selva. De repente me di cuenta de que no tenía nada de qué estar orgulloso; ni mi talento ni mis habilidades me habían traído a Estados Unidos. Venir aquí fue un acto de la voluntad soberana de Dios. Quería que pasara por la experiencia transcultural, que me casara con una mujer alemana y que viviera en una tierra extraña para obtener la experiencia que necesitaría para servir en un nuevo movimiento misionero.

"Te he llevado hasta este punto", me dijo Dios. "Tu llamado para toda la vida es ser siervo de hermanos desconocidos, hombres a los que he llamado y dispersado por las aldeas de Asia".

Finalmente supe que había encontrado el propósito de mi vida y me apresuré a compartir con entusiasmo mi nueva visión con los líderes de mi iglesia y los ejecutivos de instituciones misioneras. Parecía que Dios se había olvidado decirles, lo cual me resultaba incomprensible.

Mis amigos pensaron que estaba loco. Los líderes de misiones cuestionaron mi integridad o mis capacidades y a veces ambas. Los líderes de la iglesia en quienes confiaba y a quienes respetaba me abrazaban paternalmente y me aconsejaban sobre el descontrol de las emociones. De repente, por un simple anuncio, me encontré solo, bajo ataque y obligado a defenderme. Si no fuera porque tenía un llamado tan claro, me habría desplomado ante aquellas primeras tormentas de incredulidad y duda. Pero estaba convencido de mi llamado, seguro de que Dios estaba iniciando un nuevo día en el mundo de las misiones. Aún así, parecía que nadie captaba mi entusiasmo.

Siempre había estado orgulloso, aunque secretamente, de ser un buen orador y un buen vendedor, pero nada de lo que hacía o decía parecía cambiar el curso de la opinión pública. Mientras sostenía que "el vino nuevo necesita odres nuevos", otros solo podían decir: "¿Dónde está el vino nuevo?"

Mi único consuelo era Gisela, que había estado en la India conmigo y aceptó la visión sin cuestionamientos. En momentos de desánimo, cuando hasta mi fe flaqueaba, ella no permitía que renunciáramos a la visión. Rechazados, pero seguros de que habíamos escuchado correctamente a Dios, plantamos solos nuestras primeras semillas.

Le escribí a un viejo amigo en la India, a quien conocía y en quien confiaba hacía años, pidiéndole que me ayudara a elegir a algunos misioneros nacionales con necesidad que ya se encontraran haciendo una obra extraordinaria. Prometí ir y conocerlos luego y empezamos a planear un viaje para analizar y tratar de localizar a más obreros calificados.

IZQUIERDA: **LA MADRE DE K.P.** fielmente oró y ayunó todos los viernes por tres años y medio, pidiendo con fe que Dios llamara a uno de sus hijos a ser misionero. Recibió respuesta cuando K.P. empezó a servir al Señor a los 16 años.

ABAJO: **K.P. YOHANNAN** (quinto de la izquierda) con el equipo de Operation Mobilization (Operación Movilización) en 1971. A su lado está Greg Livingstone, director internacional de Frontiers (Fronteras).

MILLONES DE ALMAS en muchos países asiáticos adoran a un sinnúmero de dioses y diosas. Con gran profundidad religiosa y sinceridad, ofrecen todo lo que tienen a estas deidades, con la esperanza de encontrar el perdón por los pecados.

IZQUIERDA: **EL DR. K.P.** ha recorrido millones de kilómetros viajando para hablar en nombre de los que sufren y los necesitados en nuestro mundo. Su llamado para el cuerpo de Cristo es levantar auténticos seguidores que impacten su generación para Dios.

ESTA MUJER TRIBAL representa muchos de los grupos de personas que nunca han escuchado el nombre de Jesús. En el corazón de la Ventana 10/40, la India tiene el número más grande de personas no alcanzadas en el mundo hoy.

ARRIBA: **K.P. Y SU ESPOSA, GISELA,** ambos tenían 23 años cuando el Señor los unió para servirle a Él con un propósito y meta: Vivir para Él y darle todo lo que tienen para alcanzar a un mundo perdido. Eso fue en 1974. Hoy ellos continúan su trabajo con gozo para que esta generación pueda llegar a conocer al Señor Jesucristo.

IZQUIERDA: **SUS HIJOS, DANIEL Y SARAH,** oraban desde temprana edad para que el Señor los llamara a ser misioneros. Después de terminar la preparatoria, siguieron estudiando en el seminario de *Gospel for Asia* y sirven al Señor en el campo misionero.

Doble antes de separar.

GOSPEL FOR ASIA

Estimado Hermano K.P.: *después de haber leído Revolución en el Mundo de las Misiones*, deseo ayudar a misioneros nacionales a alcanzar a sus propios pueblos para Jesús. Entiendo que se necesita de $120-$360 mensuales para apoyar totalmente a un misionero nacional, incluyendo su sostén familiar y gastos ministeriales.

☐ **A partir de ahora, patrocinaré a** _____ misionero(s) por $30 cada uno dando un total de $ _____ por mes.

☐ **Por favor envíenme más información** acerca de cómo patrocinar a misioneros nacionales.

Por favor marque con un círculo: Sr. Sra. Rev.

Nombre _____

Dirección _____

Ciudad _____ Estado/Provincia _____ Código Postal _____

Teléfono ( ) _____

Correo electrónico _____

☐ Le permito a Gospel for Asia enviarme correos electrónicos (p. ej., historias del campo misionero, peticiones urgentes de oración, etc.).

☐ Le permito a Gospel for Asia enviarme mensajes de texto (p. ej., peticiones urgentes de oración, etc.).

Política de privacidad: Gospel for Asia no venderá, prestará o intercambiará tu información personal.

HB47-RB1T

A higher standard.
A higher purpose.

¡Quiero hacer la DIFERENCIA!

Quiero ayudar a los misioneros nacionales a alcanzar a sus propios pueblos para Jesús.

> Recibirás la fotografía y el testimonio de cada misionero nacional que patrocines.

> Gospel for Asia envía el 100% de tu patrocinio misionero al campo misionero. Nada se deduce para gastos administrativos. Todos los donativos son deducibles de impuestos según lo permitido por la ley.

¡Su estampilla en esta tarjeta es como otra donación!—Hermano K.P.

Doble antes de separar.

BUSINESS REPLY MAIL
FIRST-CLASS MAIL · PERMIT NO 1 · WILLS POINT TX

POSTAGE WILL BE PAID BY ADDRESSEE

GOSPEL FOR ASIA
1116 ST THOMAS WAY
WILLS POINT TX 75169-9911

NO POSTAGE
NECESSARY
IF MAILED
IN THE
UNITED STATES

Patrocine a un misionero nacional, lea noticias del campo misionero o compre materiales por internet en:

WWW.GFA.ORG

Lentamente, una parte de nuestros propios ingresos y recursos comenzaron a enviarse para apoyar económicamente el trabajo misionero en la India. Me volví compulsivo. De repente no podía comer una hamburguesa ni tomar un refresco sin sentir culpa. Nos dimos cuenta de que habíamos caído en la trampa del materialismo, así que silenciosamente vendimos todo lo que pudimos, sacamos nuestros ahorros del banco y cobramos el dinero de mi seguro de vida. Recordé cómo uno de mis profesores del seminario solo instruía a su clase de "muchachos predicadores" a apartar dinero cada mes para emergencias, comprar un seguro de vida y acumular ganancia con la compra de una propiedad.

Pero no encontré nada de esto en los mandamientos de Cristo en el Nuevo Testamento. ¿Por qué era necesario ahorrar dinero en cuentas bancarias cuando Jesús nos ordenó a no acumular tesoros en la tierra?

"¿No te mandé a vivir por fe?", me preguntó el Espíritu Santo.

Así que Gisela y yo ajustamos nuestras vidas literalmente a los mandamientos de Cristo en el Nuevo Testamento en lo que respecta al dinero y las posesiones materiales. Hasta cambié mi auto último modelo por uno usado más económico. El resto del dinero fue directo a la India. Que alegría era estos pequeños sacrificios para los hermanos nacionales. Además, sabía que era la única forma de empezar con la misión.

Por favor, entiéndame. No es malo necesariamente tener un seguro de vida o cuentas de ahorros. Esta fue la manera en la que el Señor estaba guiando a mi familia. La forma en la que el Señor lo guíe a usted puede ser diferente. Lo importante es que cada uno de nosotros sea responsable por la manera en que obedece lo que Él ha dicho y de seguirlo a Él solamente.

En esos días, lo que me ayudaba a continuar era la seguridad de que no había otra forma. Aunque la gente no entendiera que teníamos que empezar un movimiento misionero indígena, yo me sentía obligado porque conocía el llamado de Dios. Sabía que las misiones occidentales por sí solas no podrían hacer todo el trabajo. Ya que mi propia nación y muchas otras no permitían el ingreso de extranjeros, teníamos que acudir a los creyentes nacionales. Aunque se les permitiera nuevamente ingresar a los misioneros occidentales, el costo de mandarlos sería de miles de millones cada año. Los evangelistas nacionales podrían hacer lo mismo por sólo una fracción del costo.

Nunca le conté a nadie que eventualmente necesitaría tan altas cantidades de dinero. Ya pensaban que estaba loco por querer apoyar económicamente de 8 a 10 misioneros al mes con mi propio ingreso. ¿Qué me dirían si les dijera que necesitaba millones de dólares al año para llevar al campo misionero a miles de misioneros nacionales? Pero sabía que era posible. Varias sociedades de beneficencia y organizaciones misioneras del occidente ya estaban tratando con presupuestos anuales de tal magnitud. No veía por qué no podíamos hacer lo mismo.

Pero por más lógico que todo era para mí, todavía tenía que aprender algunas lecciones amargas. Crear una nueva sociedad misionera iba a requerir mucha más energía y capital para comenzar de lo que podía imaginarme. Tenía mucho que aprender sobre los Estados Unidos y la forma en que las cosas se hacen allí. Pero todavía no sabía nada. Sólo sabía que se tenía que hacer.

Con entusiasmo juvenil, Gisela y yo fuimos a la India a hacer nuestro primer análisis de campo. Volvimos un mes más tarde, sin dinero, pero comprometidos a organizar lo que finalmente se convertiría en *Gospel for Asia* (*GFA* por sus siglas en inglés).

Apenas regresamos, di a conocer mi decisión a la congregación. Renuentemente cortamos con todo lazo de compañerismo de nuestra congregación e hicimos planes para mudarnos a Eufaula, Oklahoma, en donde otro amigo pastor me había ofrecido un espacio disponible para abrir las oficinas para la misión.

El último día en la iglesia, prediqué mi sermón de despedida con lágrimas en los ojos. Cuando se dijo el último adiós y estrechamos la última mano, cerré con llave la puerta y me detuve en la escalinata. Sentí que la mano de Dios me quitaba un manto de mis hombros. Dios me estaba quitando la carga por esa iglesia y la gente de ese lugar. Mientras caminaba por la entrada empedrada, el misterio final del servicio cristiano se hizo real.

Los pastores, como los evangelistas misioneros, son puestos en los campos de cosecha de este mundo por Dios. No hay ni sociedad misionera, denominación, obispo, papa, ni superintendente que llame a una persona a tal servicio. En *Gospel for Asia*, no me atrevería a llamar (a las misiones) a los hermanos nacionales, sino sería simplemente un siervo de aquellos a quienes Dios ya había escogido para Su servicio.

Una vez establecidos en Oklahoma, busqué el consejo de otros líderes cristianos con experiencia y escuchaba con entusiasmo a los que me daban su consejo. A cada lugar donde iba, hacía preguntas. Sabía que Dios me había llamado y la mayoría de los consejos que había recibido eran destructivos. Entendí que íbamos a aprender la mayoría de nuestras lecciones por el sendero doloroso del ensayo y error. La única forma en que escapé de varias decisiones desastrosas fue mi terco rechazo a comprometer la visión que Dios me había dado. Si algo encajaba con lo que Dios me había dicho, entonces lo consideraba; y si no encajaba, lo rechazaba sin importar cuán atractivo pareciera. Descubrí que el secreto de seguir la voluntad de Dios, por lo general, viene envuelto en el rechazar lo que es bueno, por lo mejor de Dios.

Sin embargo, un consejo sí se quedó. Cada líder cristiano debería tenerlo grabado en su subconsciente: no importa lo que usted haga, nunca se dé demasiada importancia. Paul Smith, el fundador de Bible Translations on Tape (Traducciones de la Biblia en casete) fue el primer ejecutivo en decírmelo, y creo que es uno de los mejores fragmentos de sabiduría que he recibido.

Dios siempre elige las cosas insensatas de este mundo para confundir a los sabios. Muestra Su poder sólo a favor de aquellos que confían en Él. La humildad es el lugar donde comienza todo servicio cristiano.

Siete

"Es un privilegio"

Comenzamos *Gospel for Asia* sin un plan para que la gente participara con regularidad, pero pronto Dios nos dio uno. En uno de mis primeros viajes, fui a Wheaton, Illinois, E.E.U.U. donde apelé a casi todos los líderes de la misión evangélica. Pocos me animaron, pero ninguno ofreció el dinero que en ese entonces necesitábamos desesperadamente para continuar un día más. Sin embargo, el amigo con el que me aloje, sugirió empezar con un plan de patrocinio a través del cual las personas y las familias estadounidenses pudieran mantener regularmente a un misionero nacional. Resultó ser justo lo que necesitábamos.

La idea de apartar un dólar por día para los evangelistas nacionales nos dio un empuje inicial para un programa que cualquiera podía entender. Les pedía a todos con los que me reunía si ayudarían a patrocinar a un misionero nacional por un dólar al día. Algunos decían que sí y de esa forma la misión empezó a tener patrocinadores regulares.

Hoy en día, este plan de compromiso aún es el corazón de nuestros esfuerzos para levantar fondos. Enviamos el 100 por ciento del dinero al campo misionero, patrocinando de esta forma a miles de misioneros cada mes.

Como se enviaba todo el dinero recaudado al extranjero, todavía nos enfrentábamos con la necesidad de cubrir nuestros gastos aquí en los Estados Unidos. Una y otra vez, justo en nuestro punto más bajo, Dios milagrosamente intervenía para que tanto nosotros como nuestro ministerio continuara.

Un domingo cuando sólo nos quedaba un último dólar, manejé nuestro viejo Nova de $125 a una iglesia cercana para adorar. No conocía a nadie y me senté en la última fila. Cuando fue el momento de la ofrenda, me excusé rápidamente con Dios y me aferré a ese último dólar.

"Este es mi último dólar", oré desesperadamente, "y lo necesito para comprar gasolina para volver a casa". Pero sabiendo que Dios ama al dador alegre, dejé de luchar y sacrifiqué el último dólar al Señor.

Al salir de la iglesia, se me acercó un hombre mayor. Nunca antes lo había visto y nunca más lo volvería a ver. Me dio la mano en silencio y pude sentir un papel doblado en la palma de su mano. Instintivamente supe que era dinero. En el auto abrí mi mano y encontré un billete de $10 cuidadosamente doblado.

Otra tarde, me senté de muy mal humor en nuestro sillón en Eufaula. Gisela estaba ocupada en la cocina, evitando mirarme a los ojos. No dijo nada, pero los dos sabíamos que no había comida en la casa.

"Bueno", dijo una voz del enemigo, "así es cómo tú y tu Dios proveen a la familia, ¿eh?" Hasta ese momento no creo haber sentido tanta impotencia. Aquí estábamos, en el medio de Oklahoma.

Aún si hubiese querido pedir ayuda, no sabía a dónde ir. Las cosas habían caído tan bajo que me habían ofrecido un empleo, pero Gisela no quiso. Estaba aterrada de que me involucrara en los negocios del mundo y que no tuviera tiempo para trabajar para los hermanos nacionales. Para ella no había alternativa. Teníamos que esperar en el Señor. Él iba a proveerla.

Mientras la voz demoniaca continuaba burlándose de mí, simplemente me quedé sentado inmóvil. Había usado mi última pizca de fe, reconociendo y alabando a Dios. Ahora estaba paralizado.

Alguien llamó a la puerta. Gisela fue a abrir. No tenía ánimo para recibir gente. Alguien dejó dos cajas de comida en nuestro umbral. Estos amigos no tenían forma de saber nuestra necesidad, pero nosotros sabíamos que la fuente era Dios.

Durante esos días, nuestras necesidades se suplían día a día y nunca tuve que tomar prestado de los fondos levantados para las misiones. Ahora estoy convencido de que Dios conocía las pruebas que se venían y nos quería enseñar a tener fe y a confiar solamente en Él, aún cuando no lo podía ver.

De alguna manera, que realmente aún no entiendo, la prueba de nuestra fe produce paciencia y esperanza en la anatomía de nuestras vidas cristianas. Estoy convencido de que nadie seguiría a Jesús por mucho tiempo sin tener problemas. Es Su forma de demostrar Su presencia. Los sufrimientos y las pruebas, como la persecución, son parte normal del caminar cristiano. Debemos aprender a aceptarlos con gozo si queremos crecer a través de ellos y creo que esto es verdad tanto en los ministerios como en las personas. *Gospel for Asia* estaba teniendo su primera experiencia en el desierto y los días en Oklahoma se caracterizaron por ser los períodos de espera más dolorosos que jamás haya enfrentado. Estábamos solos en una tierra desconocida, completamente al final de nuestras fuerzas y dependiendo desesperadamente de Dios.

Convenir fechas para presentar el ministerio en esos primeros días era difícil, pero era la única forma en que podíamos crecer. Nadie conocía mi nombre ni el de *Gospel for Asia*. Todavía me costaba trabajo explicar de qué se trataba. Conocía nuestra misión en mi corazón, pero todavía no podía explicársela a los demás. En unos pocos meses, había agotado todos los contactos que tenía.

Organizar una gira de conferencias nos llevó semanas de esperar, escribir y llamar. En el invierno de 1980, estaba listo para empezar mi primera gira importante. Compré un pasaje de avión económico que me permitió viajar ilimitadamente por 21 días y de alguna forma me las arreglé para concretar citas en 18 ciudades. Mi itinerario me llevaría por el sudoeste, desde Dallas hasta Los Ángeles.

El día de mi salida, hubo una tremenda tormenta de invierno en la región. Se cancelaron todas las salidas de autobuses, incluyendo la que planeaba tomar de Eufaula, Oklahoma, hasta Dallas.

Nuestro viejo automóvil Nova tenía algunos problemas de motor, así que un vecino me ofreció usar una camioneta vieja sin calefacción. El vehículo parecía que ni siquiera iba a llegar a la próxima ciudad, mucho menos viajar seis horas hasta Dallas. Pero era la camioneta o nada. Si perdía el vuelo, mi apretada agenda se arruinaría. Me tenía que ir.

Para mantenerme en calor, me puse dos pares de calcetines y toda la ropa que pude. Pero aún con esta protección extra, a los pocos minutos de estar en la carretera 75 parecía que había cometido un grave error. La helada nieve cubrió el parabrisas en minutos. Tenía que parar, bajarme y limpiar las ventanillas de nuevo cada kilómetro y medio. En breve se me empaparon y congelaron los pies y los guantes. Me di cuenta de que el viaje me iba a llevar mucho más tiempo que las seis horas que tenía libres. Lo peor sería ver en los títulos de los periódicos: "Predicador muere congelado en tormenta de invierno". Incliné mi cabeza en el volante y clamé a Dios.

"Señor, si quieres que vaya, si crees en esta misión y en mi ayuda a los evangelistas nacionales, por favor haz algo".

Miré hacia arriba y vi un milagro en el parabrisas: el hielo se derretía rápidamente ante mis ojos. La camioneta se llenó de calidez. Miré la calefacción, pero no salía nada. Afuera, la tormenta seguía con rabia. Así siguió camino a Dallas pero la camioneta siempre estuvo cálida y el parabrisas siempre estuvo limpio.

Este milagro inicial fue el comienzo de muchas bendiciones. Durante los 18 días siguientes, obtuve nuevos patrocinadores en cada ciudad. El Señor me dio favor ante quienes conocía.

"Es un privilegio"

En el último día de la gira, un hombre en California se acercó al pastor y le dijo que Dios le había dicho que donara uno de sus autos para mí. Cancelé mi reserva de avión y manejé de regreso a casa gozándome en el carro que Dios me había provisto. Mientras manejaba Dios me dio una inspiración nueva y nuevas instrucciones.

Seguí este patrón los siguientes años, sobreviviendo de reunión en reunión, viviendo en el maletero del vehículo y hablando en cualquier lugar donde recibiera una invitación. Todos nuestros nuevos patrocinadores y contribuyentes venían por referencia de uno a otro y a través de las reuniones. Sabía que había formas más rápidas y eficientes de adquirir nuevos contribuyentes. Muchas veces estudié sobre el correo masivo y las emisiones de radio y televisión de otras misiones, pero todo eso requería grandes cantidades de dinero que no tenía y que no sabía cómo obtener.

Después de un tiempo nos regresamos a Dallas. Para entonces estaba viajando a tiempo completo para el ministerio y la presión estaba cobrando un alto precio tanto en mí como en mi familia. Estaba empezando a agotarme y casi odié mi trabajo.

Dos factores me estaban agotando.

Primero, me sentía como un mendigo. Es difícil en la carne viajar y pedir dinero día tras día y noche tras noche. Casi se había convertido en un negocio de ventas para mí y no me sentía bien conmigo mismo.

Segundo, me desalentaba la poca respuesta, especialmente de las iglesias y de los pastores. Muchas veces parecía que mi presencia los amenazaba. Me preguntaba dónde estaba el compañerismo fraternal al trabajar juntos en la extensión del reino. Muchos días estuve llamando a la gente por horas para sólo obtener uno o dos patrocinadores nuevos. Los pastores y los comités de misiones me escuchaban y me prometían volver a llamar, pero nunca volvía a oír de ellos. Parecía como si estuviese compitiendo con el fondo destinado a la construcción, las alfombras nuevas para el salón de confraternidad o el concierto de rock para Jesús del sábado siguiente.

A pesar del solemne mensaje de muerte, sufrimiento y necesidad que estaba presentando, la gente se iba de las reuniones sonriendo y murmurando. Me ofendía el ambiente espiritual de libertinaje y entretenimiento en las iglesias, me lastimaba. Muchas veces salíamos a comer después de haber compartido la tragedia de miles que mueren de hambre diariamente y de millones de personas sin hogar que viven en las calles de Asia. Todo esto me estaba enojando y me estaba volviendo criticón. Cada vez me sentía peor y entré en depresión.

A principios de 1981, mientras manejaba de una reunión a otra en un vehículo prestado cerca de Greensboro, en Carolina del Norte, E.E.U.U. se apoderaron de mi toda clase de emociones negativas debido al agotamiento psicológico. Tuve un arranque de auto lástima en toda la extensión de la palabra, sintiendo lástima por mí mismo y por la vida difícil que estaba llevando.

Para empezar, comencé a temblar de miedo. De repente sentí que había otra persona. Me di cuenta de que el Espíritu del Señor me estaba hablando.

"Yo no estoy en aprietos", me reprendió, "para necesitar a alguien que mendigue por Mí o que Me ayude. No hice promesas que no voy a cumplir. No es lo grande del trabajo lo que importa, sino que se haga lo que ordeno. Lo único que te pido es que seas un siervo. Para todos los que se unan a ti en esta obra, será un privilegio, una carga liviana para ellos".

Las palabras hicieron eco en mi mente. Esta es Su obra, me dije. ¿Por qué la estoy haciendo mía? La carga es liviana. ¿Por qué la estoy haciendo pesada? La obra es un privilegio. ¿Por qué la estaba convirtiendo en una obligación?

En ese mismo momento me arrepentí de mis actitudes pecaminosas. Dios estaba compartiendo Su obra conmigo y estaba hablando de otros que se unirían. A pesar de que estaba haciendo el trabajo solo, era emocionante pensar que otros se añadirían y que también les sería una carga liviana. Desde ese momento hasta ahora, no me he sentido abrumado por la carga de liderar *Gospel for Asia*. Me di cuenta de que esta misión era una tarea emocionante y de mucho gozo. Hasta mi forma de predicar ha cambiado. Mi postura es diferente. Hoy la presión se ha ido. Ya no siento que tengo que mendigar a las audiencias o hacerles sentir culpa.

Debido a que fue Dios quien inició la obra de *Gospel for Asia* (y todo el movimiento misionero indígena), ésta no necesita la preocupación ni la dirección del hombre. Ya sea que nuestra meta sea sustentar a 10.000 o a 10 millones de misioneros; sea trabajar en 10 estados o en 100, o sea que deba supervisar a un personal de 5 o de 500 personas, todavía puedo llevar acabo esta obra sin estrés. Porque esta es Su obra y nuestra carga es liviana.

Para ese entonces habíamos alquilado oficinas en Dallas, Texas y la misión estaba creciendo de manera constante. Sentí que era tiempo de dar un gran salto hacia adelante y esperé en Dios por un milagro que abriese camino. A mediados de 1981 teníamos a cientos de misioneros nacionales esperando que los apoyáramos financieramente y me di cuenta de que pronto tendríamos a miles más. Ya no me podía comunicar personalmente con cada patrocinador. Sabía que tenía que usar los medios masivos de comunicación. Pero no sabía por dónde empezar.

Más tarde conocí al hermano Lester Roloff.

El hermano Roloff ahora está con el Señor, pero en vida fue un individualista decidido que predicó a su manera durante cinco décadas de servicio cristiano excepcional. Cerca de sus últimos días, me acerqué a él para que nos ayudara con nuestro ministerio. La persona de su personal que concretó la cita me dijo que tendría sólo cinco minutos. Y para asombro del personal, éste me dio dos horas de su tiempo.

Cuando le conté al hermano Roloff sobre el movimiento misionero indígena, me propuso ser su invitado en *Family Altar*

(Altar Familiar), su diario programa de radio. En ese momento estábamos ayudando sólo a 100 misioneros nacionales y el hermano Roloff anunció al aire que él personalmente iba a patrocinar a seis más. Me llamó uno de los "más grandes misioneros que jamás haya conocido" y les rogó a los oyentes que también patrocinaran misioneros nacionales. De inmediato empezamos a recibir cartas de todo el país.

Mientras leía los timbres postales y las cartas, otra vez caía en cuenta de cuán enormes eran en realidad los Estados Unidos y Canadá. El hermano Roloff fue el primer líder cristiano que conocí que había hecho lo que necesitábamos hacer. Había aprendido a hablarle a toda la nación. Por semanas oré por él, pidiéndole a Dios que me mostrase cómo podía trabajar con él y aprender de su ejemplo.

Cuando vino la respuesta, fue bastante diferente de lo que esperaba. El Señor me dio una idea que ahora me doy cuenta de que era inusual, casi extraña. Quería llamar al hermano Roloff para que me prestara su lista de contactos y me dejara pedirle a sus contactos que patrocinaran a un misionero nacional.

Temblando, llamé a su oficina y pedí otra cita. Nos encontramos de nuevo y quedó muy sorprendido por mi solicitud, diciéndome que nunca le había prestado su lista a nadie, ni a su mejor amigo. Muchas agencias le habían pedido alquilar su lista, pero siempre había dicho que no. Pensé que mi causa estaba perdida, pero me dijo que oraría al respecto.

Al día siguiente, me llamó para decirme que el Señor le había dicho que nos prestara su lista. También se ofreció a escribir una carta de respaldo y me entrevistó de nuevo en el programa de radio en el mismo momento en que salió la carta. Eufórico, alabé a Dios. Pero pronto supe que esto sólo era el comienzo del milagro.

La lista era larguísima e imprimir un folleto, mi carta y su carta; junto con el costo de envío, me costaría más dinero del que teníamos. Parecía haber sólo una forma de obtenerlo. Tendría que tomar prestado, sólo por esta vez, del dinero levantado para las misiones (fondo misionero). Lo pensé una y otra vez. Si funcionaba, el dinero podía llegar al campo con sólo unas pocas semanas de retraso. Pero el plan no me daba paz. Siempre había usado dicho fondo exactamente como estaba designado.

Cuando llegó la hora de mandar el dinero habitual al campo misionero, le dije a nuestra contadora que detuviera el dinero por un día y oré. Seguía sin paz. Al día siguiente le dije que retuviera el dinero un día más, y volví a orar y a ayunar. Seguía sin paz. Lo demoré hasta el tercer día, pero Dios no me daba la libertad de usar dinero del fondo destinado al sostén misionero.

Me sentía muy mal. Finalmente decidí que no quebrantaría la confianza de nuestros donantes, ni para la obra del Señor. Le dije a mi secretaria que prosiguiera y enviará el dinero a los misioneros.

Ahora me doy cuenta de que habíamos pasado una de las pruebas más grandes de nuestro ministerio. Eso era todo: mi primera oportunidad de tener más contribuyentes e ingresos, pero tenía que hacerse con integridad o de plano no hacerse.

Media hora después de que el cheque se había ido al campo misionero, sonó el teléfono. Era una pareja con la que me había reunido sólo una vez en nuestro banquete anual en Dallas. Habían estado orando acerca de ayudarnos y Dios me había puesto en sus corazones. Me preguntaron si podían venir y hablar conmigo y querían saber qué necesitaba.

Después de que les expliqué el costo que llevaba imprimir y mandar la correspondencia, acordaron en cubrir todo el costo, cerca de $20.000. ¡Después el hombre de la imprenta se conmovió tanto por el proyecto que lo hizo gratis! Claramente Dios me había estado probando y milagrosamente demostró que si éramos obedientes, Él realmente iba a proveer.

El material gráfico fue a la imprenta y pronto las cartas impresas estaban listas para mandarse al correo postal. Había preparado un programa de radio que coincidiera con la llegada del correo y las cintas del programa ya habían sido mandadas a las estaciones de radio en muchos lugares de la nación.

Que saliera en el momento oportuno era todo. La correspondencia tenía que salir el lunes. Era viernes y no tenía dinero sin designar (en el fondo general) para los timbres postales. Esta vez no había duda en cuanto a tomar prestado del dinero de las misiones. Me quedé donde estaba.

Llamé a una reunión especial de oración y esa noche nos reunimos en la sala de nuestra casa. Finalmente el Señor me dio paz. Anuncié que nuestras oraciones de fe serían contestadas. Cuando todos se habían ido a sus hogares, sonó el teléfono. Era uno de nuestros patrocinadores en Chicago. Dios le había estado hablando durante todo el día de dar un donativo de $5.000.

"Alabado sea Dios", dije.

El incidente de la correspondencia masiva resultó ser otro momento decisivo en la historia de *Gospel for Asia*. Recibimos muchos patrocinadores nuevos y se duplicó el número de evangelistas que podíamos patrocinar.

Años más tarde, otros líderes cristianos como Bob Walker de *Christian Life Missions* (Misiones en la Vida Cristiana) y David Mains de *Chapel of the Air* (Capilla del Aire), nos ayudarían de manera similar. Muchas de las personas que se sumaron a nuestro ministerio a través de esas primeras cartas masivas han ayudado a expandir el ministerio mucho más, dándonos una base de contactos en cada estado de la Unión.

Dios nos había dado un mensaje claro para el cuerpo de Cristo: un llamado a recuperar el mandato misionero de la iglesia. En cada lugar, prediqué el mismo mensaje, un clamor profético a mis hermanos y hermanas en Cristo en nombre de los millones que se pierden en países subdesarrollados en donde vive la mayoría de la población mundial. A través de este mensaje, miles de creyentes empezaron a cambiar su estilo de vida y a obedecer los mandatos del Evangelio.

Ocho

Un nuevo día en las misiones

Varios cientos de dedicados creyentes ahora estaban sosteniendo económicamente a misioneros nacionales. Pero a pesar de esta aura de éxito, muchas cosas quebrantaron mi corazón, especialmente la condición de los cristianos estadounidenses. ¿Qué le había pasado al fervor por las misiones y al evangelismo que hicieron de este país una gran nación? Noche tras noche me paraba delante de audiencias, tratando de comunicar de la mejor manera las realidades globales de nuestro planeta. Pero de alguna manera, no lo estaba logrando. Podía ver claramente que sus destinos no se estaban cumpliendo. ¿Por qué no lo podían ver ellos?

Aquí había gente privilegiada: una nación más capaz, próspera y libre para cumplir con la gran comisión que cualquier otra nación en toda la historia. Sin embargo, parecía que mis audiencias no lo entendían. Lo que más me confundía era que en el trato personal, mis anfitriones eran justos, frecuentemente generosos y dotados espiritualmente. Así como la iglesia de Corinto, en el primer siglo, parecían destacarse en cada bendición espiritual.

Entonces le pregunté al Señor que por qué no lo conseguía. Si el movimiento misionero indígena era realmente la voluntad de Dios, y sabía que lo era, entonces ¿por qué la gente era tan lenta en responder?

Obviamente algo andaba mal. Satanás había puesto una trampa, o quizás muchas trampas, en la mente de los cristianos occidentales. Claramente habían perdido el mandato del Evangelio, abandonando la herencia evangelística misionera y el llamado de Dios que aún reposa en esta nación.

En mis oraciones comencé a buscar un mensaje de Dios que trajera un cambio en el estilo de vida de la iglesia estadounidense. Y llegó en unas semanas. El mensaje vino fuerte y claro: "A menos que haya arrepentimiento entre los cristianos; individualmente y en conjunto como comunidad de creyentes, un tremendo juicio caerá sobre los Estados Unidos".

Estaba seguro, y aún lo estoy, de que la mano amorosa de gracia y perdón de Dios sigue extendida sobre su pueblo. Dos razones, me parecía, eran la causa del malestar presente que atacaban a los creyentes estadounidenses como el cáncer. La primera era histórica. La segunda eran los pecados no confesados relacionados con tres iniquidades: orgullo, incredulidad y mundanalidad.

Históricamente, la iglesia occidental perdió su fuerza en el desafío de las misiones mundiales a finales de la Segunda Guerra Mundial. Desde entonces, su mandato moral y la visión global por alcanzar a los perdidos se han debilitado. Para un estadounidense promedio es difícil pronunciar la palabra *misionero* sin imaginarse pequeños y ridículos hombrecitos caricaturescos con sombreros de cazador, imágenes de caníbales con lanzas y ollas negras de agua hirviendo.

A pesar de la valiente acción de retaguardia de muchas misiones y de líderes evangélicos destacados, ha sido imposible para el movimiento misionero occidental seguir el ritmo debido al crecimiento explosivo en la población y a las nuevas realidades políticas de nacionalismo en países subdesarrollados. La mayoría de los cristianos en Norteamérica están convencidos de que las misiones son para personas de cabello claro, piel blanca y ojos azules yendo a las naciones con gente de piel oscura de países subdesarrollados. En realidad, todo eso cambió a finales de la Segunda Guerra Mundial cuando los poderes occidentales perdieron el control político y militar de sus colonias.

Cuando estoy en iglesias y conferencias misioneras frente a audiencias norteamericanas, la gente se asombra al escuchar los hechos reales de las misiones hoy. La obra misionera en las líneas frontales de Asia se han quedado a cargo de los misioneros indígenas casi completamente. Y los resultados son estupendos. Los creyentes se asombran cuando se enteran de que los misioneros nacionales están comenzando cientos de congregaciones nuevas cada semana en países subdesarrollados y en condiciones de pobreza; que miles de personas están viniendo a Cristo cada día y que decenas de miles de hombres y mujeres preparados y espiritualmente capacitados están listos para empezar más obras misioneras si pudiéramos sostenerlos económicamente.

En la India, que ya no permite misioneros evangelistas occidentales, las iglesias han tenido un mayor crecimiento y ha habido un mayor alcance evangelístico hoy en día que en ningún otro momento de nuestra historia. China es otro buen ejemplo de esta nueva realidad. Cuando los comunistas echaron a los misioneros occidentales y cerraron las iglesias en 1950, parecía que el cristianismo estaba muerto. De hecho, la mayoría de los líderes conocidos fueron encarcelados y toda una generación de pastores cristianos chinos fue asesinada o dispersada por las cárceles comunistas y celdas de torturas.

Pero actualmente se ha abierto de nuevo la comunicación con China y, según informes, más de 500.000 iglesias secretas han surgido durante el tiempo de la persecución comunista.[1] El número estimado de cristianos en la China varía mucho hoy en día, pero autoridades respetables lo calculan en unos 50 millones, comparado con un millón cuando los misioneros occidentales fueron expulsados.[2] Otra vez, esto ha sucedido bajo la dirección espiritual del movimiento de la iglesia indígena.

Desde una perspectiva histórica, no es difícil buscar el origen de cómo el pensamiento occidental ha sido confundido por el paso del tiempo. A principios de 1950, la destrucción del sistema misionero colonial fue una gran noticia. Al cerrárseles de golpe las puertas a los misioneros occidentales en la China, India, Myanmar, Corea del Norte, el norte de Vietnam y en muchas otras naciones recién independizadas, era lógico para las iglesias tradicionales y para la denominación misionera asumir que su tiempo había terminado.

Por supuesto que eso no era verdad, como lo indicó el crecimiento de las misiones evangélicas en el mismo período. Pero para ese entonces muchos se convencieron de que la era de las misiones había terminado para siempre. Excepto por la solicitud anual para las misiones en la mayoría de las iglesias, muchos de los creyentes estadounidenses perdieron la esperanza de ver la gran comisión de Cristo llevada a cabo a escala mundial. A pesar de que raramente se declaraba, la implicación era esta: Si el comité directivo de misiones con base Norte América o en el oeste de Europa no estaban liderando, entonces no podría suceder.

El dinero para las misiones que alguna vez se usó para proclamar el Evangelio, se desviaba cada vez más a programas sociales caritativos; más amistosos para los nuevos gobiernos de las antiguas colonias. Se desarrolló una teología misionera conveniente en donde frecuentemente la acción social y política equivale al evangelismo.

Muchos de los misioneros occidentales que sí se quedaron en Asia fueron altamente afectados por el crecimiento del nacionalismo. Empezaron a dejar el evangelismo y el discipulado, concentrándose mayormente en radiodifusión, educación, medicina, publicaciones, seguridad social y trabajo social. Cuando los misioneros regresaban a casa en el occidente, seguían dando la impresión de que el nacionalismo no solo significaba el retiro del personal occidental, sino también el retiro del apoyo financiero y otros tipos de ayuda.

Mientras tanto, el debate entre los líderes occidentales sobre el futuro de las misiones surgió con fuerza, produciendo bibliotecas llenas de libros e investigación valiosa. Lamentablemente el resultado general en el cristiano promedio ha sido extremadamente negativo. Hoy en día los creyentes no tienen idea de que hay un nuevo día en las misiones o que su apoyo en las misiones se necesita con más desesperación que antes.

Es verdad que en muchos casos ya no es posible para los misioneros occidentales ir a otros países por razones políticas; pero los creyentes estadounidenses todavía juegan un papel vital en ayudarnos a terminar la tarea en los países subdesarrollados. Alabo a Dios por la obra pionera hecha por Hudson Taylor y otros como él que en el pasado fueron enviados por creyentes de sus países natales. Actualmente en lugar de esto, en países como la India, necesitamos mandar apoyo económico y técnico a evangelistas nacionales y a maestros de la Biblia.

Imagínese las implicaciones de involucrarse en la obra de la gran comisión, de lograr que su iglesia y su familia se unan junto con usted para apoyar las misiones indígenas.

Figúrese esta probable escena. Su vida termina en la tierra. Llega al cielo. Allí, sentado en Su trono, en toda su gloria, está nuestro Señor Jesucristo. Los otros santos y mártires de los que usted leyó están allí: Abraham, Moisés, Pedro, Pablo y los grandes líderes más recientes. Su familia y sus seres queridos que obedecieron el Evangelio también están allí. Todos le están dando a usted la bienvenida al cielo. Usted camina con felicidad, lleno de gozo y alabanzas. Todas las promesas de la Biblia son verdad. Las calles están verdaderamente hechas de oro y la gloria de Dios brilla fuertemente, reemplazando al sol, la luna y las estrellas. Va más allá de lo que la habilidad humana pudiera describir.

Después, muchos extraños a los que no reconoce comienzan a reunirse a su alrededor con sonrisas y extienden las manos. Lo abrazan con afecto y gratitud.

"Gracias... Gracias... Gracias", repiten a coro. Con gran asombro, usted pregunta: "¿Por qué me dan las gracias? Nunca antes los he visto".

Le cuentan la historia de cómo llegaron al cielo, porque fueron alcanzados por su amor y su preocupación mientras estaban en la tierra. Usted puede ver que estas personas vienen de "toda lengua y nación", tal como la Biblia lo dice, de la India, Bangladesh, Bután, Sri Lanka y Malasia.

"¿Pero qué fue exactamente lo que hice?", pregunta. Entonces su mente se remonta al día de su vida cuando un coordinador misionero local fue a su iglesia. Le contó sobre los millones de perdidos en Asia, acerca de los 400 millones que solamente en la India nunca han escuchado el Evangelio.[3] Le contó acerca de los misioneros nacionales humildes y desesperados y lo desafió a patrocinarlos.

La multitud de asiáticos dirá: "Como resultado de su patrocinio, uno de nosotros, un evangelista nacional, vino a nosotros y predicó el Evangelio del reino. Vivió de una manera sencilla, así como nosotros, hablando nuestro idioma y vistiendo nuestra ropa. Pudimos aceptar su mensaje fácilmente. Conocimos por primera vez acerca del amor de Jesús, quien murió en la cruz por nosotros, y de cómo su sangre nos redimió de nuestros pecados, de Satanás y de la muerte".

Al terminar la multitud, varias familias enteras se acercan a usted. También puede ver la ternura y el agradecimiento en sus rostros. Se unen a los demás, abrazándolo y agradeciéndole de nuevo.

"¿Cómo podemos expresarle nuestro aprecio por el amor y la amabilidad que mostró al ser nuestro patrocinador en la tierra mientras luchábamos al servicio del Señor? A menudo no teníamos comida. Nuestros hijos lloraban por leche, pero no teníamos. Aunque desconocidos y abandonados por nuestra propia gente, deseamos testificar a nuestro propio pueblo, que nunca había escuchado el Evangelio. Ahora están aquí en la eternidad con nosotros".

"En medio de nuestro sufrimiento, usted vino a nuestra vida con sus oraciones y su apoyo económico. Su ayuda nos alivió tanto que hizo posible que siguiéramos con la obra del Señor".

"En el mundo nunca tuvimos la oportunidad de verlo cara a cara. Ahora lo podemos ver aquí y pasar toda la eternidad gozándonos con usted en las victorias del Señor".

Ahora aparece Jesús en persona. Usted se postra y Él le cita los conocidos versículos de las Escrituras: "Porque tuve hambre, y me disteis de comer; tuve sed, y me disteis de beber; fui forastero, y me recogisteis; estuve desnudo, y me cubristeis... De cierto os digo que en cuanto lo hicisteis a uno de estos mis hermanos más pequeños, a mí me lo hicisteis" (Mateo 25:35-36, 40).

¿Es esta una historia imaginaria o será realidad para miles de estadounidenses cristianos? Creo que esto puede suceder a medida que los cristianos lleguen al cielo y vean cómo han hecho tesoros donde ni la polilla ni el orín corrompen.

Cada vez que estoy ante una audiencia, al principio del mensaje intento hacer dos preguntas importantes que cada cristiano necesita preguntarse:

- ¿Por qué cree usted que Dios permitió que naciera en Norteamérica o en Europa, en vez de entre los pobres de África o de Asia y que fuera bendecido con una abundancia material y espiritual tan grande?

- A luz de la superabundancia que disfruta usted aquí, ¿cuál cree que es su responsabilidad mínima ante los incalculables millones de perdidos y afligidos en países subdesarrollados con la mayor concentración de población mundial?

Usted ha nacido entre una élite privilegiada en este mundo. Tiene tanto mientras otros tienen tan poco. Piense por un momento sobre la vasta diferencia entre su país y las naciones sin una herencia cristiana.

- La cuarta parte de la gente del mundo vive con un ingreso de menos de $1 dólar americano por día, la mayoría de ellos en Asia.[4] El ingreso nacional bruto por persona en el sur de Asia es de $460 al año solamente. En promedio, los estadounidenses ganan 77 veces más[5]; y los cristianos estadounidenses ganan aún más por pertenecer a la clase media alta. En la mayoría de los países donde *Gospel for Asia* está sirviendo con el movimiento misionero indígena, un buen salario es de $1 a $3 por día. Mientras la mayoría del mundo principalmente se preocupa de dónde vendrá su próxima comida, los estadounidenses prósperos gastan la mayor parte de sus salarios y su tiempo planeando compras innecesarias.

- La gente en los Estados Unidos, Canadá, Australia y Europa disfrutan de la libre elección. Se acepta como normal las libertades políticas de expresión, prensa y reunión, la libertad de culto y organizar ministerios religiosos, la libertad para elegir dónde y cómo vivir, la libertad para organizarse para corregir injusticias y problemas tanto en el hogar como afuera.

- A pesar de que no está escrito legalmente los ciudadanos del mundo occidental cuentan con tiempo libre y dinero extra que les permite despreocuparse de las necesidades básicas; cuya carencia hace que el vivir sea tan difícil en otros lugares del mundo.

- Tienen a su disposición un gran número de sistemas de servicios de comunicación, educación, finanzas, medios masivos de comunicación y transporte que facilitan el cambio. No tener estos servicios disponibles es un impedimento enorme para la gente en muchas otras partes del mundo.

- Finalmente, tienen pocas necesidades domésticas. A pesar de que el desempleo es un problema serio en algunas áreas, es mucho mayor en casi cada país subdesarrollado. ¿Cuántos de nosotros podemos comprender el sufrimiento de millones de personas sin hogar que mueren de hambre en naciones como Bangladesh? Los problemas en el extranjero son de gran escala. Algunas naciones luchan para auto ayudarse pero aún así fracasan de manera deplorable.

Esta es una lista que nos ayuda a comprender tantas de las ventajas de vivir en el mundo occidental en donde los beneficios emanan principalmente de su herencia cristiana.

Nueve

¿Son las misiones una opción?

Si el apóstol Pablo no hubiese llevado el Evangelio a Europa, los principios fundamentales como la libertad y la dignidad humana no serían parte de la herencia estadounidense. Ya que el Espíritu Santo lo instruyó a dejar Asia e ir al occidente, Estados Unidos ha sido bendecido con sus sistemas de leyes y economía; es decir, los principios que la convirtieron en una nación próspera y libre.

Además, Estados Unidos es una de las naciones únicas en el mundo, que fueron fundadas por creyentes en Cristo que hicieron un pacto con Dios, dedicando a Dios la nueva nación.

Nacidos en prosperidad, libertad y bendiciones divinas, los estadounidenses deberían ser las personas más agradecidas de la tierra.

Pero junto con el privilegio viene la responsabilidad. El cristiano no sólo debe preguntarse por qué, sino también qué debería hacer con estos favores inmerecidos.

A lo largo de la Escritura, vemos sólo una respuesta correcta para la abundancia: compartir.

Dios le da a algunos más de lo que necesitan para que puedan ser canales de bendición para otros. Dios desea equidad entre Su pueblo en todo el mundo. Es por eso que en la iglesia primitiva no había pobreza.

El apóstol Pablo le escribió a los cristianos ricos de Corinto: "Porque no digo esto para que no haya para otros holgura, y para otros estrechez, sino para que en este tiempo, con igualdad, la abundancia vuestra supla la escasez de ellos, para que también la abundancia de ellos supla la necesidad vuestra, para que haya igualdad" (2 Corintios 8:13-14).

La Biblia recomienda y demanda que demostremos amor por los hermanos necesitados. En éste preciso momento, por factores históricos y económicos que nadie puede controlar, los hermanos necesitados están en Asia. Los hermanos adinerados están principalmente en Norteamérica, Europa, Australia y en Nueva Zelanda. La conclusión es obvia: Estos creyentes prósperos deben compartir con las iglesias más pobres.

"Nosotros sabemos que hemos pasado de muerte a vida, en que amamos a los hermanos... Pero el que tiene bienes de este mundo y ve a su hermano tener necesidad, y cierra contra él su corazón, ¿cómo mora el amor de Dios en él? Hijitos míos, no amemos de palabra ni de lengua, sino de hecho y en verdad" (1 Juan 3:14, 17-18).

"Hermanos míos, ¿de qué aprovechará si alguno dice que tiene fe y no tiene obras? ¿Podrá la fe salvarle? Y si un hermano o una hermana están desnudos, y tienen necesidad del mantenimiento de cada día, y alguno de vosotros les dice: 'Id en paz, calentaos y saciaos', pero no les dais las cosas que son necesarias para el cuerpo, ¿de qué aprovecha? Así también la fe, si no tiene obras, es muerta en sí misma" (Santiago 2:14-17).

¿Son las misiones una opción, especialmente para los países súper-adinerados como los Estados Unidos? La respuesta bíblica es clara. Cada cristiano en Estados Unidos tiene la responsabilidad mínima de involucrarse en ayudar al hermano pobre de la Iglesia en otros países.

Dios no ha enviado esta superabundancia de bendiciones a los cristianos occidentales para que nos sentemos y disfrutemos los lujos de esta sociedad, o aún en términos espirituales, para que nos llenemos de libros, de enseñanzas en casetes y conferencias acerca de una vida más profunda. Nos ha dejado acá en la tierra para ser administradores de estas bendiciones espirituales y materiales, aprendiendo cómo compartir con otros y administrar nuestros bienes para cumplir con los propósitos de Dios.

¿Cuál es la conclusión? Dios nos está llamando a los cristianos a cambiar nuestros estilos de vida, a renunciar a las cosas no esenciales de nuestra vida para que podamos invertir mejor nuestros bienes en el reino de Dios.

Para empezar, desafío a los creyentes a apartar al menos $1 por día para ayudar a sustentar a un misionero nacional en países subdesarrollados. Esto, por supuesto, debería ir más allá de nuestros compromisos actuales con la iglesia local y otros ministerios. No pido a los cristianos que desvíen sus ofrendas de otros ministerios para las misiones indígenas, sino que expandan sus ofrendas más allá de los niveles actuales. La mayoría de la gente puede hacer esto.

Millones de creyentes norteamericanos y europeos pueden llevar a cabo esto fácilmente dejando las galletas, los pasteles, las golosinas, el café y otras bebidas. De todas formas estas comidas chatarras dañan nuestro cuerpo y cualquiera puede ahorrar lo suficiente para patrocinar a uno y hasta dos misioneros al mes. Muchos están yendo más allá de esto y sin afectar la salud o la felicidad, pueden ayudar a patrocinar a varios misioneros cada mes.

Por supuesto que hay muchas otras formas de involucrarse. Algunos no pueden dar más económicamente, pero pueden invertir su tiempo en oración y ayudar a reclutar más patrocinadores. Y algunos pocos son llamados a ir al extranjero para involucrarse más directamente.

Pero podría decir que el principal estorbo para la evangelización del mundo en este momento, es la falta total de participación del cuerpo de Cristo. Estoy convencido de que hay suficientes patrocinadores potenciales para mantener a todos los misioneros nacionales que se necesitan para evangelizar a los países subdesarrollados en donde vive la mayoría de la población mundial.

Muchos cristianos todavía no han sido desafiados a participar en el movimiento misionero indígena, pero eso es superficial. La verdad es mucho más básica y devastadora. El cuerpo de Cristo fracasa en facilitar la evangelización del mundo debido a tres causas fundamentales: el pecado de orgullo, la incredulidad y la mundanalidad.

Pregúntele a un cristiano común por qué el Señor destruyó a Sodoma y citará la gran inmoralidad de la ciudad. Sin embargo, Ezequiel, revela la verdadera razón en el capítulo 16, versículo 49 y 50: "He aquí que esta fue la maldad de Sodoma tu hermana: soberbia, saciedad de pan, y abundancia de ociosidad tuvieron ella y sus hijas; y no fortaleció la mano del afligido y del menesteroso. Y se llenaron de soberbia, e hicieron abominación delante de mí, y cuando lo vi las quité".

Sodoma rechazó ayudar al necesitado por orgullo. Nosotros estamos atrapados en un orgullo nacional semejante al de Sodoma. Sí, el egoísmo y la perversión proceden de tal orgullo, pero necesitamos ver que el orgullo es la verdadera raíz. Si lidiamos con esa raíz cortamos con una gran cantidad de pecados antes de que puedan crecer.

Una noche mientras predicaba en una conferencia misionera en una iglesia, me pidieron que nos reuniéramos en privado con el consejo de la iglesia para que les diera mi opinión sobre un nuevo programa misionero que estaban considerando. Ya había predicado y estaba muy cansado. No tenía muchas ganas de sentarme en una reunión de comité. La reunión, a la cual asistieron 22 personas, empezó como de costumbre, más bien como una reunión corporativa de IBM o de General Motors que de una iglesia.

El presentador hizo una propuesta formal muy impresionante, de tipo empresarial. El plan consistía en trasladar a los "nacionales de países subdesarrollados" de Asia a un campo misionero en Latinoamérica. Era muy futurista y sonaba como un salto muy importante en las misiones, sin embargo luces de alerta y alarmas advertían mi mente. Me sonaba como una práctica misionera colonial del siglo XIX pero con otro disfraz.

El Señor me habló claramente: "Hijo, hoy tienes que hablarle a personas que son tan autosuficientes que jamás me han preguntado sobre este plan. Piensan que soy incapaz de realizar la tarea".

Cuando el presidente del consejo de la iglesia finalmente me dio la palabra para que diera mi opinión sobre la propuesta, me paré y leí algunas partes de Mateo 28:18-20: "Toda potestad me es dada en el cielo y en la tierra. Por tanto, id, y haced discípulos a todas las naciones... enseñándoles que guarden todas las cosas que os he mandado; y he aquí yo estoy con vosotros todos los días..."

Luego cerré mi Biblia e hice una pausa, mirando a cada uno a los ojos.

"Si Él está con ustedes", dije, "entonces lo representarán, no serán como Él solamente, sino que ejercerán Su autoridad. ¿Dónde está el poder de Dios en este plan?"

No necesité decir mucho. El Espíritu Santo ungió mis palabras y todos parecían entender.

"¿Cuántas veces se han juntado a orar?", pregunté retóricamente. "¿Hace cuánto que no se toman un día entero de oración para buscar la voluntad de Dios en cuanto a la estrategia de esta misión?" Por sus ojos, era fácil ver que habían orado poco, por todo el presupuesto para la misión, que en ese entonces era de cientos de miles de dólares.

El debate duró hasta la 1:30 de la mañana, pero con un nuevo sentido de arrepentimiento en el salón.

"Hermano K.P.", me dijo el líder después, "usted ha destruido todo lo que teníamos planeado hacer esta noche, pero ahora estamos listos para esperar el plan de Dios".

Esa clase de humildad hará volver a la iglesia al centro de la voluntad de Dios en su plan global. Las iglesias hoy no están experimentando el poder y la unción de Dios en sus ministerios porque no tienen la humildad de esperar en Él. Por ese pecado, una gran parte del mundo sigue sin alcanzarse.

Hay muy poca obra evangelística cristiana que se hace en total dependencia del Dios viviente. Como nuestros hermanos y hermanas en esa gran iglesia, hemos creado métodos, planes y técnicas para "hacer" la obra de Dios. Aquellos que están involucrados no sienten la necesidad de orar o de ser llenos del Espíritu Santo para hacer la obra de Jesús.

¡Cuánto nos hemos desviado de la fe de los apóstoles y de los profetas! Qué tragedia cuando las técnicas del mundo y sus agentes se traen al santuario de Dios. Dios sólo puede usarnos cuando nos despojamos de nuestra autosuficiencia. Cuando una iglesia o una junta misionera pasa más tiempo en consultas, planificaciones y reuniones de comité que en oración, es una clara indicación de que los miembros han perdido contacto con lo sobrenatural y han terminado, según las palabras de Watchman Nee: "Sirviendo a la casa de Dios y olvidándose del mismo Señor de la casa".

Parte de éste pecado de orgullo es el sutil pero profundo racismo. Mientras viajo, con frecuencia escucho preguntas que suenan inocentes como: "¿cómo sabemos que la iglesia nacional está preparada para manejar los fondos?" o "¿qué clase de entrenamiento han tenido los misioneros nacionales?"

Si bien esas preguntas están basadas en un sincero deseo de una buena administración y son loables, en muchos casos he notado que la intención de esas preguntas no es del todo honrosa. Los occidentales no quieren confiar en los asiáticos de la misma forma en que confían en su propia gente. Si estamos contentos de que un misionero nacional es verdaderamente llamado al Evangelio, debemos confiar en Dios y darle nuestra administración a ese misionero y a sus ancianos como lo haríamos con cualquier otro hermano de nuestra propia cultura. Querer seguir controlando el uso del dinero y del ministerio en el extranjero, desde nuestra junta misionera con base en el exterior, es una extensión del colonialismo. Añade un elemento anti bíblico, que a la larga sólo humilla y debilita a los misioneros nacionales.

Los cristianos necesitan aprender que no le están dando su dinero a los obreros nacionales, sino el dinero de Dios a Su obra en el extranjero.

Aquí hay más manifestaciones de orgullo: en vez de exaltar a los luchadores vigorosos de la tradicional leyenda de héroes norteamericanos de John Wayne, a los cristianos les iría bien si se esperarán hasta que el poder de Dios sea manifestado en sus actividades cristianas.

Las iglesias necesitan desarrollar las disciplinas silenciosas que han perdido, prácticas como el contemplar, el ayuno, el escuchar, la meditación, la oración, el silencio, la memorización de las Escrituras, la sumisión y la reflexión.

Muchos líderes cristianos se ven atrapados en asuntos secundarios que le quitan su tiempo y energía. Nunca me voy a olvidar de la predicación en una iglesia donde el pastor transformó la defensa de una traducción bíblica en una cruzada. No solamente pasa la mayoría del tiempo en el púlpito sosteniendo esta postura, sino que también miles de dólares se han ido a la impresión de libros, tratados y panfletos recomendando el uso exclusivo de esta sola traducción.

En los años que he trabajado y vivido en los Estados Unidos, he observado a creyentes y congregaciones enteras atrapadas en campañas similares y causas que, aunque no son necesariamente malas en sí mismas, terminan quitando nuestra mirada de la obediencia a Cristo. Y en este sentido, se convierten en anticristianas. Los asuntos apremiantes como la infalibilidad, los dones carismáticos, las últimas revelaciones de maestros itinerantes o el humanismo secular, o cualquier asunto nuevo que surja el día de mañana, necesitan mantenerse en su propia perspectiva. Siempre habrá nuevos dragones que matar, pero no debemos dejar que estas batallas secundarias nos desvíen de nuestra tarea principal de edificar y expandir el reino de Dios.

Cuando voy a Asia, veo a nuestras iglesias y a los teólogos ahí divididos tan fuertemente por diferentes cuestiones, y a través de esto me he dado cuenta de que muchas veces el enemigo se vale de estas divisiones doctrinales para mantenernos preocupados con otra cosa que no sea el Evangelio.

Nos domina nuestro propio ego por querer tener siempre la razón. Frecuentemente somos esclavos de una fuerte tendencia de "hacerlo a nuestra manera". Todas estas son manifestaciones de orgullo. Lo opuesto es el servicio y el sacrificio humilde que Cristo mandó. Hacer un sacrificio para uno de estos hermanos desconocidos, como apoyar su obra con personas extrañas en lugares desconocidos, usando métodos que son un misterio para usted; requiere humildad. Pero el apoyar a hermanos nacionales debe comenzar con este tipo de compromiso de humildad y continuar en el mismo espíritu. Tristemente, muchas veces nuestro orgullo se interpone en el progreso.

Diez

Dios está demorando el juicio

Ten cuidado con los jactanciosos. A menudo están ocultando algo. Uno de los grandes alardes de muchos cristianos evangélicos occidentales es su devoción por las Escrituras. Es difícil encontrar una iglesia que tarde o temprano no se jacte de "creer en la Biblia". Cuando llegué a los EE.UU. por primera vez, cometí el error de tomar esa descripción con el aparente valor que le otorgaban.

Pero llegué a la conclusión de que muchos cristianos evangélicos no creen realmente en la Palabra de Dios, especialmente cuando habla sobre el infierno y el juicio; sino que aceptan selectivamente solo las porciones que les permiten continuar viviendo con su estilo de vida actual.

Es doloroso pensar en el infierno y en el juicio. Entiendo por qué a los predicadores no les gusta hablar del tema, porque a mí tampoco me gusta. Es más fácil predicar sobre "Dios te ama y tiene un plan maravilloso para tu vida" o enfocarse en tantos aspectos agradables como el "pensar en posibilidades" y la "palabra de fe" que traen salud, riqueza y felicidad. La gracia y el amor de Dios son temas agradables y nadie los demostró de manera tan hermosa como nuestro Señor Jesús. Sin embargo, en Su ministerio terrenal, hizo más referencias al infierno y al juicio que al cielo. Jesús vivió la realidad del infierno y murió en el Calvario porque sabía que era real y viene sobre todos los que no se vuelven a Dios en esta vida.

Los creyentes están dispuestos a aceptar el concepto del cielo, pero miran hacia otro lugar cuando se encuentran con pasajes en la Biblia acerca del infierno. Unos pocos parecen creer que aquellos que mueren sin Cristo van a ir a un lugar donde serán atormentados para siempre, en un hoyo sin fondo en donde el fuego no se apaga y estarán separados de Dios y de Su amor por toda la eternidad, sin tener la oportunidad de regresar.

Si supiéramos los horrores del juicio venidero que nos espera, si realmente creyéramos en lo que está por venir, qué diferente viviríamos. ¿Por qué los cristianos no viven en obediencia a Dios? Debido a su incredulidad.

¿Por qué Eva cayó en pecado? Porque no creyó verdaderamente en el juicio, en que la muerte realmente vendría si comía lo que Dios le había prohibido. Esta es la misma razón por la que muchos continúan viviendo en pecado y desobediencia.

La Gran Depresión y las recesiones recientes son sólo una palmadita en la mano comparada con la pobreza que se avecina, sin contar los bombardeos, las enfermedades y las calamidades naturales. Pero Dios está demorando el juicio ahora para darnos tiempo de arrepentirnos.

Desafortunadamente para millones en países subdesarrollados será demasiado tarde, a menos que podamos alcanzarlos antes de que caigan en la oscuridad eterna.

Por años había luchado para hacer esto una realidad en nuestras reuniones. Finalmente encontré la manera.

Les pido a mis oyentes que sostengan su muñeca y encuentren su pulso. Luego explico que cada latido que sienten representa la muerte de alguien en Asia que ha fallecido y se ha ido al infierno eterno sin haber escuchado las Buenas Nuevas de Jesucristo ni una sola vez.

"¿Qué si uno de esos latidos representara a su propia madre?", pregunto. "¿Su padre, su cónyuge, su hijo... usted mismo?"

Los millones de asiáticos que están muriendo y se están yendo al infierno son personas por las que Cristo murió. Decimos que lo creemos, pero ¿qué estamos haciendo para actuar en esa fe? Sin obras, la fe está muerta.

Nadie debería ir hoy al infierno sin escuchar sobre el Señor Jesús. Para mí esto es una atrocidad mucho peor que los campos de concentración de la Alemania de Hitler o la Rusia de Stalin. Así como son de horribles cada año 1.3 millones de abortos en los Estados Unidos, la pérdida eterna de múltiples millones de almas, es la tragedia de nuestros tiempos más prevenible.

Si solamente un pequeño porcentaje de los 80 millones de personas que proclaman ser cristianos nacidos de nuevo en este país, los EE.UU., patrocinaran a un misionero nacional, podríamos tener literalmente cientos de miles de evangelistas alcanzando las aldeas perdidas de Asia. Cuando consideramos la Gran Comisión inconclusa y la comparamos con nuestro estilo de vida o con los calendarios de actividades de nuestras iglesias y organizaciones, ¿cómo podemos justificar nuestra desobediencia? Debemos ver un gran arrepentimiento del pecado de nuestra incredulidad en el juicio de Dios.

C.T. Studd, el famoso atleta británico y fundador de la Worldwide Evangelization Cruzade (WEC, por sus siglas en inglés) fue alguien que dejó todos sus logros de esta vida por la causa de Cristo. Un artículo escrito por un ateo lo desafió a tal compromiso. Ese artículo en parte decía:

> Si creyera firmemente, como millones dicen creer, que el conocimiento y la práctica de la religión en esta vida tienen la habilidad de afectar el destino en otra, la religión significaría todo para mí.
>
> Dejaría a un lado los placeres terrenales considerándolos como escoria, las preocupaciones terrenales como insensateces, los pensamientos y los sentimientos mundanos como vanidad. La religión sería mi primer pensamiento al despertarme y mi última imagen antes de que el sueño me haga perder la consciencia. Trabajaría sólo por su causa.

Sólo pensaría en el mañana de la eternidad. Estimaría que por ganar un alma para el cielo valdría la pena una vida de sufrimiento.

Las consecuencias terrenales nunca obstaculizarían mi mano, ni cerrarían mi boca. La tierra, sus deleites y sus tristezas no ocuparían ni un minuto de mis pensamientos. Me esforzaría por considerar solamente la eternidad, y las almas inmortales a mí alrededor, que pronto serán eternamente dichosas o infelices.

Iría al mundo y le predicaría a tiempo y fuera de tiempo y mi mensaje sería:

"¿DE QUÉ LE SIRVE AL HOMBRE SI GANA AL MUNDO ENTERO Y PIERDE SU ALMA?"[1]

Otra iniquidad que acosa a la iglesia occidental es la mundanalidad.

Una vez viajé 3.200 kilómetros en auto por el oeste de los Estados Unidos y me propuse escuchar la radio cristiana durante todo el camino. Lo que escuché me reveló mucho sobre las motivaciones secretas que controlan a muchos cristianos. Algunos de los programas hubiesen sido divertidísimos si no fuera porque explotaban a los ingenuos, pregonando la salud, el bienestar y el éxito en nombre del cristianismo.

- Algunos locutores ofrecían aceite bendito y amuletos de la suerte a aquellos que mandaban dinero y los pedían.

- Ciertos locutores ofrecían mantos de oración que habían bendecido a creyentes con dinero desde $70.000 a $100.000, vehículos nuevos, casas y salud.

- Un locutor dijo que mandaría por correo jabón santo que él había bendecido. Si lo usaban según sus instrucciones, lavaría la mala suerte, las malas amistades y las enfermedades. La promesa repetía tener "mucho dinero" y todo lo que el usuario quisiera.

Tales estafas hacen que sonriamos, pero el mismo paquete básico se vende con más sofisticación en todos los niveles en esta sociedad. Las revistas cristianas, los programas de televisión y los cultos en las iglesias ponen como centro de atención a atletas famosos, reinas de belleza, empresarios y políticos que "tienen éxito en el mundo y ¡también tienen a Jesús!

Hoy en día los valores cristianos están definidos casi por completo por el éxito tal como se anuncia en la avenida Madison, de Nueva York. Hasta muchos ministerios cristianos calculan su efectividad según los estándares de los títulos de postgrado en administración de empresas de la universidad Harvard.

Jesús dijo que el corazón está donde está el tesoro. Entonces, ¿qué podemos decir sobre tantos cristianos evangélicos? Endeudándose con autos, casas y muebles que probablemente no son necesarios y sacrificando la familia, la iglesia y la salud para ser ascendido en la corporación o la carrera. Creo que es un engaño ingeniado por el dios de este mundo para atrapar y destruir a los cristianos efectivos y no permitirles compartir el Evangelio con aquellos que lo necesitan.

"No améis al mundo", dijo Juan en su primera epístola, "ni las cosas que están en el mundo. Si alguno ama al mundo, el amor del Padre no está en él. Porque todo lo que hay en el mundo, los deseos de la carne, los deseos de los ojos, y la vanagloria de la vida, no proviene del Padre, sino del mundo. Y el mundo pasa, y sus deseos; Pero el que hace la voluntad de Dios permanece para siempre" (1 Juan 2:15-17).

El típico testimonio de los medios de comunicación es más o menos así: "Yo estaba enfermo y en bancarrota, era un fracaso total. Entonces conocí a Jesús. Ahora todo está bien: mi negocio está creciendo y soy exitoso".

Suena maravilloso. Sé un cristiano y obtén una casa más grande, un barco y vacaciones en Tierra Santa.

Pero si esa fuera realmente la forma en que Dios hace las cosas, veríamos a algunos creyentes que viven en países anti cristianos, o en países subdesarrollados con malos ojos. Sus testimonios a menudo son:

"Yo era feliz. Tenía todo: prestigio, reconocimiento, un buen empleo, una esposa e hijos felices. Entonces le di mi vida a Jesucristo. Ahora estoy en la cárcel, perdí a mi familia, mis bienes, mi reputación, mi empleo y mi salud."

"Vivo aquí solo, mis amigos me abandonaron. No puedo ver a mi esposa ni a mis amados hijos. Mi crimen es que amo a Jesús".

¿Qué hay de los héroes de la fe a través de los años? Los apóstoles que entregaron su vida por el Señor. Los mártires cristianos han escrito sus nombres en cada página de la historia.

En la ex Unión Soviética, Ivan Moiseyev fue torturado y asesinado a los dos años de conocer a Jesús. En China, Watchman Nee pasó 20 años en la cárcel y finalmente murió en cautiverio.

Cuando Sadhu Sundar Singh (que había nacido y crecido en un hogar rico de Sikh en Punjab) se convirtió, su propia familia trató de envenenarlo y lo expulsaron de su propio hogar. Perdió su herencia y se fue con lo que llevaba puesto. Sin embargo, siguiendo al Maestro, logró millones de verdaderas riquezas a través de su fe en Cristo.

También los misioneros nacionales apoyados por *Gospel for Asia* frecuentemente sufren por su compromiso. Al venir de un trasfondo no cristiano, a menudo los echan de sus hogares, pierden sus empleos, son golpeados y perseguidos en sus aldeas cuando aceptan a Cristo.

Sirven fielmente a Cristo cada día, sufriendo maltratos inconmensurables porque Jesús les prometió a sus seguidores que "en el mundo tendréis aflicción; pero confiad, yo he vencido al mundo" (Juan 16:33). Lo que Él prometió fueron pruebas y tribulaciones; pero podemos hacerles frente porque sabemos que

Él ya ha ganado la batalla. Dios sí nos promete suplir nuestras necesidades físicas. Y sí bendice a Sus hijos materialmente. Pero nos bendice con un propósito, no para que derrochemos nuestros recursos en nosotros mismos sino para que seamos buenos administradores, usando nuestros recursos con sabiduría de manera que los perdidos sean ganados para la gracia salvadora de Dios.

La Escritura nos dice: "Pero el que tiene bienes de este mundo y ve a su hermano tener necesidad, y cierra contra él su corazón, ¿cómo mora el amor de Dios en él?" (1 Juan 3:17)

Como una vez dijo A.W. Tozer, un renombrado cristiano, pastor de la Alianza Misionera (Missionary Alliance) y autor:

> No hay duda de que el aferrarse a las cosas es uno de los hábitos más dañinos en la vida. Como es tan natural, raramente se reconoce que es malo. Pero su progreso es trágico. Esta antigua maldición no se irá sin causar dolor. Nuestro viejo hombre avaro no se rendirá, ni morirá obedeciendo nuestro mandato. Debe ser arrancado, desarraigado de nuestro corazón como una planta de la tierra; y extraído como un diente de la mandíbula, ensangrentado y en agonía. Debe ser expulsado con violencia de nuestra alma tal como Cristo expulsó a los comerciantes del templo.[2]

Muchos cristianos occidentales son los jóvenes ricos de nuestros días. Jesús les dijo: "Si quieres ser perfecto, anda, vende lo que tienes, y dalo a los pobres, y tendrás tesoro en el cielo; y ven y sígueme" (Mateo 19:21).

Once

¿Por qué debo crear olas?

Para fines de 1981, *Gospel for Asia* parecía estar ganando aceptación. Gente de todas partes de los Estados Unidos y Canadá empezó a participar en el ministerio para equipar a misioneros nacionales para evangelizar a sus propios países.

Mientras Gisela y el personal de nuestra oficina en Dallas trabajaban para asignar nuevos patrocinadores a los misioneros nacionales, me sentí guiado por el Señor a planear una gira por 14 ciudades de Texas y personalmente reunirme con nuevos patrocinadores. Llamé con anticipación, me presenté y le agradecí a las personas por asumir el patrocinio de un misionero nacional.

La respuesta me dejó atónito. La mayoría de las personas habían escuchado de mí en la radio y parecían estar entusiasmadísimos con la idea de conocerme. En cada ciudad, alguien me ofrecía alojamiento y hacía planes para que hablara en pequeñas reuniones hogareñas y en las iglesias. La gente se refería a mí de forma distinta: como el presidente y el director de una importante organización misionera. Lejos de estar contento, me sentía más aterrado que nunca, con miedo a fracasar o a ser rechazado.

Pero, con una gran cantidad de reuniones concertadas y la publicidad en acción, se apoderó de mí un temor poco razonable. Me sobrevino el desánimo y cuanto más se acercaba el día de mi partida, buscaba excusas para cancelar o posponer todo lo planeado.

"Mi familia y mi oficina me necesitan más", argumentaba. "Además, voy a manejar solo. Es difícil y peligroso, debería esperar hasta que alguien pueda acompañarme".

Justo cuando casi estaba convenciéndome de no ir, el Señor me habló con una voz inconfundible durante mi devocional personal en la mañana. Como en otras ocasiones, fue como si Él estuviese en la habitación conmigo.

"Mis ovejas escuchan mi voz", dijo el Señor, usando sus palabras de Juan 10, "y la conocen y me siguen: mis ovejas me siguen porque conocen mi voz".

No necesitaba interpretación; el mensaje era claro. Él había establecido este viaje. Lo había concertado y había abierto las puertas. Necesitaba verme como un pequeño corderito y seguir a mi Pastor por kilómetros. Él iría delante de mí a cada iglesia y a cada hogar en el que me quedaría.

Terminaron siendo dos semanas celestiales. En cada hogar y cada iglesia compartí un hermoso compañerismo con nuestros nuevos amigos y además añadimos a varios patrocinadores.

La iglesia en Victoria, Texas, fue una de mis últimas paradas y el Señor me estaba esperando con una sorpresa. Pero primero tenía que prepararme.

Mientras manejaba de ciudad en ciudad, en el carro tuve tiempo a solas con el Señor para que Él tratara conmigo varios asuntos que impactarían el futuro de la misión y mi propio andar con Él.

Uno de los asuntos involucraba unas de las decisiones de mayor alcance estratégico que jamás tomaría. Por años, había sufrido mucho por lo que parecía ser un desequilibrio entre nuestra constante participación en el mantenimiento de instituciones cristianas (como hospitales y escuelas) y la proclamación del Evangelio. Tanto en la India como en mis viajes por países occidentales, constantemente surgía la preocupación con las llamadas actividades "ministeriales" que llevaban a cabo obreros cristianos, con dinero de las iglesias, pero que no se distinguían mucho como cristianas.

Muchos de los recursos de las misiones norteamericanas se usan para cosas que no están relacionadas con el objetivo principal de la plantación de iglesias. Wagner, en su libro *On the Crest of the Wave* (En la cresta de la ola), dice: "He tenido delante de mí una lista nueva de vacantes en... la agencia misionera que no se nombrarán. De 50 categorías diferentes, sólo dos se relacionan con el evangelismo, y ambas están enfocadas a la juventud. El resto de las categorías incluye, entre otros a agrónomos, maestros de música, enfermeros, mecánicos automotrices, secretarios, profesores de electrónica y ecologistas".[1]

La preocupación social es un fruto natural del Evangelio. Pero ponerlo en primer lugar es poner la carreta delante del caballo; y por experiencia hemos visto que esto fracasó en la India por más de 200 años. Fue un intento de concentrarse exclusivamente en las necesidades sociales obvias de la gente.

Sin embargo, cuando me di cuenta de que la naturaleza intrínseca del Evangelio incluía la ayuda humanitaria al pobre, supe que la prioridad era compartirles el mensaje del Evangelio. Suplir sus necesidades era una forma de compartir el amor de Cristo para que sean salvos eternamente.

No tomé ese camino porque sentí que otras entidades caritativas cristianas y ministerios fraternales se equivocaban en mostrarles el amor de Cristo. No. Muchos estaban haciendo un trabajo asombroso. Pero sentí que la iglesia local debía ser el centro del alcance evangelístico y necesitábamos recuperar el equilibrio.

No le comenté a nadie sobre mi decisión. Sabía que este tema iba a ser controversial y temía que otros pensaran que yo estaba siendo prejuicioso, un conservador "oportunista" o un fanático. Sólo quería ayudar al movimiento misionero indígena y llegué a la conclusión de que argumentar con respecto a la estrategia de la misión sería contraproducente.

Luego vino Victoria, Texas.

Mi presentación salió bien. Mostré las diapositivas de *Gospel for Asia* e hice una petición apasionada para nuestra obra. Expliqué la filosofía de nuestro ministerio, enseñando las razones bíblicas de por qué la gente de Asia se pierde a menos que los misioneros nacionales los alcancen.

De repente, sentí que el Espíritu me movía a hablar sobre los peligros del evangelio humanista social. Me detuve un instante y continué sin mencionarlo. Simplemente no tenía el valor. Podía hacerme de enemigos por todas partes. La gente pensaría que era un tonto insensible, que quería estropear la obra cristiana y que ni siquiera me importaba el hambre, la desnudez, la necesidad y el sufrimiento. ¿Por qué debo crear olas? Me las ingenié para terminar con la presentación y sintiéndome aliviado di lugar a las preguntas en la reunión.

Pero el Espíritu Santo no me lo iba a pasar por alto.

Lejos, en el fondo del salón, un hombre alto de más de un metro noventa de altura, se acercó caminando sin parar por el pasillo, viéndose cada vez más grande a medida que se me acercaba. No sabía quién era o qué era lo que tenía que decir, pero instintivamente sentí que Dios lo había mandado. Cuando llegó hasta donde yo estaba, extendió su enorme brazo sobre mis hombros flacuchos y dijo cosas que todavía las oigo hoy: "Este hombre aquí, nuestro hermano, teme decir la verdad... y está luchando con eso". Sentí que mi rostro y mi cuello ardían de culpa. ¿Cómo sabía eso este enorme tejano? La cuestión empeoró y yo estaba por comprobar que el Espíritu del Dios viviente realmente estaba usando a este gigante de Texas para entregar una confirmación poderosa y reprenderme.

"El Señor te ha guiado por caminos que otros no han caminado y te ha mostrado cosas que no han sido vistas", siguió diciendo. "Las almas de millones están en juego. Debes comunicar la verdad sobre la prioridad equivocada en el campo misionero. Debes llamar al cuerpo de Cristo a retomar la tarea de predicar la salvación y arrebatar las almas del infierno".

Me sentí inservible, sin embargo esta era, sin lugar a dudas, una profecía milagrosa inspirada por Dios, que confirmaba tanto mi desobediencia, como también el mismo mensaje que Dios me había dado para que predicara sin temor. Pero todavía no había terminado mi humillación ni mi liberación.

"El Señor me ha pedido que llamemos a los ancianos aquí para que oren por ti para que este miedo al hombre te deje", dijo este hombre alto.

De repente me sentí menos que nada. Me habían presentado como un gran líder misionero; y ahora me sentía como un pequeño corderito. Quería defenderme. No sentía que me estaba controlando un espíritu de temor; sino simplemente que estaba actuando lógicamente para proteger los intereses de nuestra misión. Pero de todas formas me sometí, sintiéndome un poco ridículo, mientras los ancianos me rodeaban para orar por una unción de poder sobre mi ministerio de predicación.

Algo pasó. Sentí que el poder de Dios me rodeó. Unos minutos después me levanté de mis rodillas como un hombre diferente, libre de la atadura de temor que me había atrapado. Todas las dudas se habían ido: Dios había puesto una carga en mi vida para impartir este mensaje.

Desde aquel día he insistido en que recuperemos el Evangelio genuino de Jesús, que equilibra el mensaje del Nuevo Testamento; un mensaje que no comienza con las necesidades carnales de la gente, sino con el plan y la sabiduría de Dios: una conversión o "un nuevo nacimiento" que lleva a la rectitud, la santificación y la redención. Cualquier "misión" que florezca de "las cosas básicas del mundo" es una traición a Cristo y es lo que la Biblia llama "el otro evangelio". No puede salvar, ni redimir a la gente; ni como individuos, ni como sociedad. Predicamos el Evangelio, no solo para los años que quedan, sino para la eternidad.

El único problema con las verdades a medias es que contienen mentiras. Tal es el caso de esta declaración hecha en la conferencia del Consejo Misionero Internacional de Jerusalén en 1928: "Nuestros padres fueron impresionados con el horror de que los hombres pudieran morir sin Cristo; y nosotros fuimos igualmente impresionados con el horror de que pudieran vivir sin Cristo".

De tal retórica, usualmente pronunciada con pasión por un número creciente de humanistas sinceros en nuestras iglesias, provienen de muchos programas sociales seculares. Esos esfuerzos arrebatan la salvación y la verdadera redención de los pobres, condenándolos a la eternidad en el infierno.

Por supuesto, hay una verdad básica en esta declaración. Vivir esta vida sin Cristo es existir en un horrible vacío, que no ofrece esperanza ni sentido. Pero la sutil mentira humanista que oculta es poner el énfasis en el presente bienestar material de la vida de la persona.

Lo que unos pocos se dan cuenta es que esta enseñanza se originó por la influencia de los humanistas del siglo XIX, los mismos hombres que nos trasmitieron el ateísmo moderno, el comunismo y todas las demás filosofías modernas que niegan la soberanía de Dios en los asuntos del hombre. Como la Biblia dice, son los "anticristos".

El hombre moderno inconscientemente pone en alto los ideales humanistas de felicidad, libertad y de progreso económico, cultural y social para toda la humanidad. Esta visión secular dice que no hay Dios, ni cielo ni infierno; que solamente existe una oportunidad en la vida, así que debe hacerse lo que produzca más felicidad. También enseña que "como todos los hombres son hermanos", deberíamos trabajar en aquello que contribuya al bienestar de todos los hombres.

Esta enseñanza, tan atractiva a simple vista, ha entrado en nuestras iglesias de muchas maneras, creando a un hombre centrado en sí mismo y un evangelio hecho por hombres basado en cambiar la parte exterior y el estatus social del hombre supliendo sus necesidades materiales. El costo es su alma eterna.

El llamado evangelio humanista, que en realidad no tiene nada que ver con las "buenas nuevas", posee muchos nombres. Algunos argumentan de él en términos bíblicos familiares y teológicos; unos lo llaman el "evangelio social" o el "evangelio integral", pero el rótulo no es importante.

Usted puede distinguir el evangelio humanista porque no admite que el problema básico de la humanidad no es lo material, sino lo espiritual. Los humanistas no le dirán que el pecado es la raíz de todos los sufrimientos humanos. El énfasis más reciente del movimiento empieza argumentando que deberíamos funcionar como una misión de alcance que provea "cuidado integral para el hombre", pero termina proveyendo ayuda solamente para el cuerpo y el alma, ignorando al espíritu.

Debido a esta enseñanza, muchas iglesias y sociedades misioneras ahora están desviando los limitados fondos y el personal dedicado al evangelismo, hacia algo vagamente llamado "de importancia social". Hoy en día la mayor parte de los misioneros cristianos se encuentran principalmente involucrados en alimentar al hambriento, cuidar al enfermo en los hospitales, albergar a los indigentes o cualquier otra clase de asistencia o labor de desarrollo. En casos extremos, entre quienes no son evangélicos, lo lógico según esta forma de pensar es organizar guerrillas, poner bombas terroristas u otras actividades menos extremas, como patrocinar clases de baile y ejercicios aeróbicos. Todo esto se hace en nombre de Jesús y supuestamente según Su mandamiento de ir por todo el mundo y predicar el Evangelio a toda criatura. La misión de la iglesia, según la definen estos humanistas, puede ser cualquier cosa, menos ganar gente para Cristo y discipularlos.

La historia ya nos ha enseñado que este evangelio (sin la sangre de Cristo, sin conversión y sin la cruz) es un fracaso total.

En la India y en China hemos tenido siete generaciones de esta enseñanza, traída por los misioneros británicos de una manera un tanto diferente a mediados del siglo XIX. Mi gente ha visto a los hospitales y las escuelas inglesas ir y venir sin un efecto notable en nuestras iglesias ni en nuestra sociedad.

Watchman Nee, un antiguo misionero nacional chino, hizo hincapié en este problema en una serie de conferencias dadas en los años previos a la Segunda Guerra Mundial. Lea algunos de sus comentarios de tales esfuerzos, escritos en el libro *Love Not the World* (No améis al mundo):

> Cuando las cosas materiales están bajo el control espiritual cumplen con su papel subordinado adecuado. Libre de esa restricción manifiestan muy rápidamente el poder que hay detrás de ellas. La ley de su naturaleza se afirma y su carácter mundano se prueba con el rumbo que toma.
>
> El despliegue del empuje misionero en nuestra era presente nos da una oportunidad para evaluar este principio en las instituciones religiosas de nuestros días y de nuestra tierra. Hace más de un siglo la iglesia partió para establecer escuelas y hospitales en China con un tono firmemente espiritual y un objetivo evangelístico. En esos días no se le daba importancia a los edificios, porque había un gran énfasis en el papel que las instituciones tenían en la proclamación del Evangelio. Hace diez o quince años uno podía ir al mismo sitio y encontrar en muchos lugares más grandes y mejores instituciones; pero comparadas con años anteriores, muchos menos convertidos. Para el día de hoy muchas de esas escuelas espléndidas y universidades se han convertido en centros meramente educativos, sin ninguna motivación evangelística; y hasta cierto punto lo mismo sucede con muchos hospitales, que existen exclusivamente para brindar sanidad física pero no espiritual. Los hombres que los iniciaron, como resultado de su caminar con Dios, sostuvieron a esas instituciones firmemente en Su propósito; pero cuando fallecieron, las instituciones mismas rápidamente se desviaron hacia estándares y objetivos mundanos y al hacer eso se clasificaron a sí mismas como "cosas del mundo". No debería sorprendernos que esto sea así.

Nee continúa ampliando el tema, esta vez dirigiéndose al problema de los esfuerzos de emergencia para los damnificados:

> En los primeros capítulos del libro de los Hechos leemos cómo surgió una fatalidad que llevó a la iglesia a organizarse para ayudar a los santos más pobres. La inminente institución de servicio social fue claramente bendecida por Dios, pero fue temporal. Usted se pregunta: "¿Cuán bueno habría sido si continuara?" Solamente alguien que no conoce a Dios diría eso. Si aquellas medidas de asistencia se hubieran prolongado de manera indefinida, seguramente se habrían desviado en la dirección del mundo, una vez que la influencia espiritual que funcionó en un comienzo fuera quitada. Es inevitable.
>
> Porque hay una gran diferencia entre edificar la iglesia de Dios por un lado, y por el otro lado los valores sociales y las obras de caridad que salen de ella de vez en cuando, a través de la fe y de la visión de sus miembros. Las últimas, debido a su origen en la visión espiritual, tienen en sí mismas un poder de supervivencia independiente que la iglesia de Dios no tiene. Son obras que la fe de los hijos de Dios pueden iniciar y promover, pero que una vez que el camino ha sido mostrado y los estándares profesionales han sido establecidos, pueden ser fácilmente sostenidos e imitados por hombres del mundo que no tengan nada que ver con esa fe.
>
> La iglesia de Dios, déjeme repetirlo, nunca deja de ser dependiente de la vida en Dios para mantenerse.[2]

El problema con el evangelio social, aunque está disfrazado con atuendos religiosos y opera en instituciones cristianas, es que busca luchar en lo que es básicamente una guerra espiritual con armas carnales.

Nuestra lucha no es contra carne ni sangre ni contra síntomas de pecado como la pobreza y la enfermedad. Es contra Lucifer y un sinfín de demonios que luchan día y noche para llevar a las almas a la eternidad sin Cristo.

Por más que queramos ver a cientos de miles de misioneros nuevos yendo a todos los lugares oscuros, si ellos no saben para qué están allí, el resultado será fatal. Debemos mandar soldados a la batalla con las armas correctas y conociendo las tácticas del enemigo.

Si intentamos responder al mayor problema del hombre (su separación del Dios eterno) con donaciones de arroz, entonces le estamos tirando una tabla al hombre que se está ahogando, en vez de ayudarlo a salir del agua.

Una batalla espiritual peleada con armas espirituales producirá victorias eternas. Es por esto que insistimos en restaurar el equilibrio correcto para la extensión del Evangelio. El énfasis debe ser primero y siempre en el evangelismo y el discipulado.

Doce

Las buenas obras y el Evangelio

Para sacar a las misiones cristianas de equilibrio, Satanás ha tejido una red dominante de engaños y mentiras. Ha inventado todo un sistema de tentadoras verdades a medias para confundir a la iglesia y asegurarse de que millones vayan al infierno sin recibir el Evangelio. He aquí algunos de sus inventos más comunes:

Primero: ¿Cómo podemos predicarle a alguien que tiene el estómago vacío? El estómago de un hombre no tiene nada que ver con la condición de su corazón de ser rebelde al santo Dios. Según la Biblia, tanto un hombre rico en la Quinta Avenida de Nueva York como un mendigo en las calles de Mumbai (Bombay) son rebeldes al Dios todopoderoso. El resultado de esta mentira es el hecho de que durante los últimos 100 años la mayor parte del dinero de las misiones se ha invertido en trabajo social. No estoy diciendo que no deberíamos preocuparnos por el pobre y el necesitado. El problema del que estoy hablando es que este asunto está haciendo que perdamos el enfoque principal de predicar el Evangelio.

Segundo: El trabajo social (suplir sólo las necesidades materiales del hombre) es un trabajo misionero. De hecho, es lo mismo que predicar. Lucas 16:19-25 nos relata la lamentable historia del hombre rico y Lázaro. ¿Qué beneficio tenían las posesiones del hombre rico? No podía pagar para no ir al infierno. Sus riquezas no lo podían consolar. El hombre rico había perdido todo, incluso su alma. ¿Y Lázaro? Él no tenía ninguna posesión que perder, pero había hecho preparativos para su alma. ¿Qué fue lo más importante durante su tiempo en la tierra? ¿El cuidado del "templo del cuerpo" o del alma inmortal? "Pues ¿qué aprovecha al hombre, si gana todo el mundo, y se destruye o se pierde a sí mismo?" (Lucas 9:25).

Es un delito en contra de la humanidad perdida, ir en nombre de Cristo y de las misiones sólo para hacer trabajo social y descuidar el llamado de arrepentimiento a los hombres, para que dejen sus ídolos y rebeliones, y sigan a Cristo con todo su corazón.

Tercero: No van a escuchar el Evangelio a menos que les ofrezcamos otra cosa primero. Me he sentado en las calles de Mumbai con mendigos, hombres pobres que pronto morirían y al compartir el Evangelio con muchos de ellos, les dije que no tenía nada material para darles, pero les podía ofrecer la vida eterna. Les compartí el amor de Jesús que murió por sus almas, de las moradas en la casa de mi Padre (Juan 14:2) y que podían ir allá para no tener más hambre ni sed. El Señor Jesús enjugará toda lágrima de sus ojos, les dije. Ya no tendrán necesidad. Ya no habrá más llanto, ni clamor, ni dolor (Apocalipsis 7:16, 21:4).

¡Qué gozo fue ver a algunos de ellos abrir sus corazones después de escuchar acerca del perdón de pecados que pueden encontrar en Jesús! Eso es exactamente lo que la Biblia enseña en Romanos 10:17: "Así que la fe es por el oír, y el oír, por la palabra de Dios".

Reemplazar un plato de arroz por el Espíritu Santo y la Palabra de Dios nunca salvará un alma y raramente cambiará la actitud del corazón de un hombre. No vamos ni siquiera a afectar poco el reino de las tinieblas hasta que levantemos a Cristo con toda la autoridad, el poder y la revelación que se nos da en la Biblia.

En pocos países es tan obvio el fracaso del humanismo cristiano como en Tailandia. Allí, después de que los misioneros mostraron una maravillosa compasión social durante 150 años, los cristianos sólo constituyen el dos por ciento de toda la población.[1]

Los misioneros que se sacrificaron probablemente han hecho más para modernizar el país que cualquier otra organización. Tailandia les debe a los misioneros el avance de su alfabetización, las primeras imprentas, la primera universidad, el primer hospital, médicos y casi todos los beneficios educativos y científicos. En cada área (incluyendo el comercio y la diplomacia) los misioneros cristianos pusieron en primer lugar las necesidades de la nación anfitriona y marcaron el comienzo del siglo XX. Mientras tanto, millones se han ido a la eternidad sin el Señor. Murieron con mejor educación, mejor gobierno y salud, pero sin Cristo y atados al infierno.

¿Cuál fue el error? ¿Estos misioneros no eran lo suficientemente dedicados? ¿Eran sus doctrinas anti bíblicas? Quizás no creían en el infierno eterno o en el cielo eterno. ¿Carecían de entrenamiento bíblico o simplemente no salían a predicarles a los perdidos? ¿Cambiaron sus prioridades de estar interesados en salvar almas para aliviar el sufrimiento humano? Ahora sé que probablemente fue un poco de todas estas cosas.

Mientras estaba buscando respuestas a estas preguntas, conocí a hermanos nacionales pobres con una educación mínima, involucrados en la obra del Evangelio en áreas pioneras. No tenían nada material para ofrecerle a la gente a la que le predicaban; ni entrenamiento agrícola ni ayuda médica, tampoco programas educativos. Pero cientos de almas se salvaban y en pocos años, establecían iglesias. ¿Qué estaban haciendo estos hermanos correctamente para obtener tales resultados, mientras que otros con más ventajas habían fracasado?

La respuesta está en saber básicamente de qué se trata la obra misionera. Los actos caritativos no tienen nada de malo, pero *no* tenemos que confundirlos con predicar el Evangelio. Un programa de alimentación puede salvar a un hombre que muere de hambre. La ayuda médica puede prolongarle la vida a un enfermo y combatir la enfermedad. Los proyectos de construcción de casas pueden hacer de esta vida temporal una vida más cómoda, pero, ¡sólo el Evangelio de Jesucristo puede salvar un alma de una vida de pecado y una eternidad en el infierno!

Mirar a los ojos tristes de un niño con hambre o mirar la vida desperdiciada de un drogadicto es ver sólo la evidencia de que Satanás gobierna este mundo. Él es el principal enemigo del ser humano y hará todo lo posible para matar y destruir a los seres humanos. Pero intentar luchar contra este tremendo enemigo sólo con armas físicas es como luchar contra un tanque blindado con piedras.

En el tiempo en que el comercio se había establecido entre los isleños de Fiji, un comerciante ateo y escéptico llegó a la isla para hacer negocios. Estaba hablando con el jefe de Fiji y notó una Biblia y otras cosas religiosas en la casa.

"Qué pena" dijo, "que usted haya escuchado esas tonterías de los misioneros".

El jefe le respondió: "¿Ves esa piedra blanca grande ahí? Esa es la piedra que, hace sólo unos pocos años, usábamos para golpear la cabeza de nuestras víctimas y sacarles el cerebro. ¿Ves ese horno gigante allí? Hasta hace sólo unos pocos años lo usábamos para cocinar el cuerpo de nuestras víctimas antes de hacer un banquete con ellos. Si no hubiésemos escuchado lo que tú llamas las tonterías de esos misioneros, te aseguro que tu cabeza ya estaría aplastada sobre la roca y tu cuerpo cocinándose en el horno".

No hay registro de la respuesta de ese comerciante a esa explicación con respecto a la importancia del Evangelio de Cristo.

Cuando Dios cambia el corazón y el espíritu, el mundo material también cambia. Si usted quiere satisfacer las necesidades de los pobres de este mundo, no hay mejor lugar para empezar que predicando el Evangelio. Las buenas noticias han hecho más para levantar al oprimido, al hambriento y al necesitado que todos los programas sociales que los humanistas seculares se hayan imaginado.

Estas tremendas palabras de Jesús deberían atrapar nuestra alma: "Ay de vosotros, escribas y fariseos, hipócritas porque recorréis mar y tierra para hacer un prosélito, y una vez hecho, le hacéis dos veces más hijo del infierno que vosotros" (Mateo 23:15). A.W. Tozer bien lo dijo en su libro *Of God and Man* (De Dios y el hombre): "Difundir un Evangelio débil y degenerado en tierras paganas no es llevar a cabo el mandamiento de Cristo ni cumplir con nuestra obligación con los perdidos".[2]

Antes de que China fuera tomada por los comunistas, un oficial comunista hizo una declaración reveladora al misionero John Meadows: "Sus misioneros han estado en China por más de cien años, pero no han ganado a China para su causa. Usted se lamenta con el hecho de que hay incontables millones que no han escuchado el nombre de su Dios. Tampoco saben nada de su cristianismo. Pero nosotros, los comunistas hemos estado en China menos de 10 años y no hay ni un chino que no sepa... que no haya escuchado el nombre de Stalin... o algo del comunismo... Hemos llenado a China con nuestra doctrina".

"Ahora déjeme decirle por qué ustedes han fracasado y nosotros tenido éxito", continuó el oficial. "Ustedes han tratado de llamar la atención de las multitudes construyendo iglesias, misiones, hospitales misioneros, escuelas y demás. Pero nosotros los comunistas hemos impreso nuestro mensaje y esparcido nuestra literatura por toda China. Algún día sacaremos a sus misioneros de nuestro país y lo haremos a través de la página impresa".

Hoy, por supuesto, John Meadows está fuera de China. Los comunistas fueron fieles a su palabra. Ganaron a China y sacaron a los misioneros. Ciertamente, aquello en que los misioneros fracasaron durante 100 años, los comunistas lo lograron en 10. Un líder cristiano dijo que si la iglesia hubiese invertido tanto tiempo en predicar el Evangelio como lo hicieron en construir hospitales, orfanatos, escuelas y hogares de ancianos (a pesar de que eran necesarios) la Cortina de Bambú nunca habría existido.

La tragedia de China se está repitiendo hoy en otros países. Cuando dejamos que la obra misionera se enfoque sólo en las necesidades físicas del hombre sin el equilibrio espiritual correcto, estamos poniendo en práctica un programa que eventualmente fracasará.

Sin embargo, esto no significa que no podamos involucrarnos en ministerios compasivos que alcancen a los pobres, necesitados y hambrientos en todo el mundo. En el capítulo siguiente, explicaré mejor nuestra responsabilidad para con el pobre, el afligido y el menesteroso de nuestra generación.

Trece

La esperanza tiene varios nombres

La pregunta es: ¿Qué *dice* la Biblia sobre la justicia social y la compasión? ¿Cuál es el rol de la iglesia en estos asuntos?

Con tan sólo mirar el ejemplo de cómo Cristo vivió en la tierra, evidentemente no podemos descuidar las necesidades de la humanidad en sufrimiento.

Cuando Jesús vino, no solamente alimentó el alma de la gente con las verdades celestiales y con Él mismo como el Pan de Vida, sino que también les llenó el estómago con pescado, pan y vino.

No sólo abrió los ojos del corazón de la gente para que vean la verdad, sino que también restauró su vista para que pudieran ver el mundo que los rodeaba.

Fortaleció la fe del débil así como las piernas del cojo.

Aquel que vino a dar aliento de vida eterna a un valle de almas secas y muertas, también dio vida al hijo de la viuda, levantándolo una vez más (ver Lucas 7:11-15).

No era una u otra, eran *ambas*, y ambas para la gloria de Dios.

Este ejemplo de ministerio se ve en toda la Biblia. Mire el Antiguo Testamento y verá un fuerte énfasis en la compasión hacia el necesitado y la justicia social para el oprimido y el pobre. Dios exigió el cuidado y la protección de aquellos que eran oprimidos (ver Levítico 19:18; Isaías 1:17, 58:10-11). Uno de los juicios más tremendos cayó sobre Sodoma y Gomorra por la manera en que se habían aprovechado del pobre y del necesitado.

En Mateo 22:38-40, Jesús marcó claramente la responsabilidad social cristiana cuando dijo que amar a Dios es el primer y gran mandamiento y "el segundo es semejante: Amarás a tu prójimo como a ti mismo. De estos *dos* mandamientos depende toda la ley y los profetas" (énfasis del autor).

Toda la Ley y los Profetas se resumen en *ambos*: amar a Dios y amar a los demás. No era una cosa u otra, eran *ambas* y las dos para la gloria de Dios.

No podemos decir que amamos a los demás si ignoramos sus necesidades espirituales. De la misma manera, tampoco podemos decir que amamos a los demás si ignoramos las necesidades físicas. Jesús vino por ambas.

De hecho, Jesús ha demostrado cómo el sufrimiento de la humanidad llevó a muchos a proclamarlo como el Salvador de sus almas.

En Juan 20:30-31 se nos dice: "Hizo además Jesús muchas otras señales en presencia de sus discípulos... para que creáis que Jesús es el Cristo, el Hijo de Dios, y para que creyendo, tengáis vida en su nombre". El Evangelio nos muestra que los que vinieron a Jesús fueron los enfermos, los poseídos por demonios, los hambrientos y los pobres; y cuyas vidas fueron cambiadas por el toque de Su mano sanadora. Jesús mismo dijo que Él había venido a predicar las Buenas Nuevas a los pobres, los prisioneros, los ciegos y los oprimidos (ver Lucas 4:18).

A través de los tantos que fueron sanados de enfermedades horribles y liberados de la esclavitud satánica, Jesús se mostró como el único capaz de salvar las almas del pecado y de la muerte. Los ministerios de misericordia que Jesús hizo no eran un fin en sí mismos, sino que eran un medio. Y hoy es igual.

Sin embargo, como mencioné en el capítulo anterior, no debemos malinterpretar (o reemplazar) el evangelismo por la acción social. La gran comisión no es un mandato para la liberación política.

Muchos de los que están familiarizados con el ministerio de *Gospel for Asia* saben que primero y principalmente estamos comprometidos en hacer nuevos discípulos. Nuestra preocupación siempre ha sido que nunca se reemplace el Evangelio con sólo hacer trabajo social.

La salvación de las almas y el hacer discípulos han sido nuestra meta y nuestro objetivo en todas las cosas, la regla por la cual se miden todas las oportunidades del ministerio. Pero esto no significa que no nos importan las necesidades físicas de aquellos a quienes ministramos.

Nuestro espíritu, eterno e infinitamente más precioso que todo el mundo físico, está contenido en un cuerpo físico perecedero. Y a lo largo de la Escritura, vemos que Dios usó las necesidades del cuerpo para atraer a las personas hacia Él. Verdaderamente las necesidades de los hombres, las mujeres y los niños en este mundo son muy grandes, especialmente en la Ventana 10/40.

Solamente en Calcuta hay más de 100.000 niños en la calle que no conocen ni a su madre ni a su padre, tampoco el amor, ni el cuidado. Son niños reales y no simplemente números o estadísticas. A pesar de que no tienen nombre, ni rostro en las calles donde vive; cada uno fue creado con amor y Dios los conoce a cada uno.

Es poco probable que hayan tenido un cepillo de dientes o un jabón; y nunca han comido un cono de helado o arrullado una muñeca. Los niños obreros en el sur de Asia trabajan duro en la manufactura de fuegos artificiales, alfombras y fósforos; en canteras y minas de carbón; en campos de arroz, plantaciones de té y pastizales. Su estado de salud es vulnerable porque están expuestos al polvo, gases tóxicos y pesticidas; sus cuerpos están lisiados por cargar cosas pesadas. Algunos son trabajadores subyugados, esclavizados a sus tareas por la pobreza de su familia.

Según la organización de los derechos humanos (Human Right Watch), esta es la vida de 60 a 115 millones de niños en el sur de Asia. En el estado de Tamil Nadu en la India, Lakshmi de nueve años de edad trabaja en una fábrica enrollando cigarrillos. Ella cuenta la historia de su hermana, dándonos un vistazo de su mundo:

> Mi hermana tiene diez años. Cada mañana a las siete se va a trabajar con el hombre que la subyuga y cada noche a las nueve vuelve a casa. Él la trata mal; la golpea si cree que trabaja lento o si ella le habla a otros niños, le grita, la viene a buscar si está enferma y no puede ir a trabajar. Creo que esto es muy difícil para ella.
>
> A mí no me interesa ni la escuela, ni jugar. No me interesa nada de eso. Todo lo que quiero es traer a mi hermana a casa y apartarla de ese hombre que la hace trabajar como esclava. La puedo traer a casa por 600 rupias, esa es nuestra única forma de traerla a casa.
>
> Pero no tenemos 600 rupias... nunca tendremos 600 rupias [el equivalente a 14 dólares estadounidenses].[1]

El cuerpo de Cristo hoy no debe olvidarse de estas personas en las cuales Cristo pensaba mientras moría en la cruz. No debemos olvidarnos de estas personas por las cuales Cristo sufrió, siendo nosotros ahora Sus manos y Sus pies. En medio del avance de la evangelización del mundo, no podemos contener el abrazo sanador con el cual podemos cuidar y proveer para aquellos que son preciosos ante los ojos de Dios.

Estoy hablando particularmente de los dalits, también conocidos como los "intocables", la casta más baja del hinduismo. Por 3.000 años, cientos de millones de intocables en la India han sufrido opresión, esclavitud e incontables atrocidades. Están atrapados por un sistema de castas que les niega una educación adecuada, agua potable, trabajos con pago decente y el derecho de poseer un terreno o un hogar. Segregados y oprimidos, los dalits frecuentemente son víctimas de crímenes violentos.

Y así como la necesidad es grande, también lo es la posibilidad de que el poder y el amor de Cristo sean conocidos.

En años recientes, se ha abierto de par en par la puerta a estas posibilidades. Entre los dalits y otros grupos más de castas bajas que enfrentan tratos represivos similares, ha habido un creciente deseo de libertad. Líderes representando a aproximadamente 700 millones de estas personas han venido demandando justicia y libertad de la esclavitud de las castas y persecución.

El momento decisivo llegó el 4 de noviembre de 2001, cuando decenas de miles de dalits se juntaron en una de las más históricas reuniones del siglo XXI, declarando públicamente su deseo de "dejar el hinduismo" y seguir la fe que ellos eligiesen.

Desde ese evento, el Señor ha guiado a *Gospel for Asia* a expresar de un modo palpable el amor de Dios por los dalits, por las castas más bajas y las familias tribales de en una forma única: *alcanzado a sus hijos.*

Bridge of Hope (Puente de Esperanza), nuestro programa de alcance de niños, está diseñado para rescatar a miles de niños en Asia de una vida de pobreza y desesperanza, dándoles educación y presentándoles el amor de Dios. A través de este esfuerzo, comunidades enteras están siendo transformadas.

Hoy más de 60.000 niños están inscritos en cientos de centros de *Bridge of Hope*, y el programa sigue creciendo. Uno de estos centros está ubicado en la aldea del pastor Samuel Jagat.

Samuel no tenía idea de que el grupo de 35 dalits y niños de las castas más bajas que asistían harían una diferencia tan grande en su ministerio. Pero uno de los niños de primer grado en su centro estaba a punto de mostrárselo.

La madre de Nibun había estado enferma de malaria por mucho tiempo. Ni los doctores, ni los sacerdotes, ni los hechiceros podían encontrar una cura y su muerte parecía inevitable.

Pero Nibun tenía una pequeña semillita de esperanza en su corazón: la Palabra de Dios. Las historias bíblicas eran una parte habitual del programa de estudio del centro *Bridge of Hope* y como tantos otros niños, Nibun volvía a su casa y narraba cada historia que había escuchado a su familia.

Una noche, mientras Nibun y su familia estaban sentados alrededor de la cama de su madre, él les contó cómo Jesús levantó de la muerte al hijo de una viuda. Fue un momento clave en sus vidas.

"Esa noche, después de escuchar la historia", el padre de Nibun dijo más tarde, "yo no podía dormir. Esta historia ardía en mi corazón una y otra vez".

A la mañana siguiente, el padre de Nibun fue a buscar a Samuel. Después de escuchar más sobre Jesús y Su salvación, el hombre le pidió al pastor que viniera y orara por su esposa. "Creo que Jesús sanará a mi esposa así como lo hizo con el hijo de la viuda", afirmó.

La madre de Nibun, a pesar de estar débil físicamente, compartía la misma confianza. "Mi hijo habla mucho de Jesús en nuestro hogar. Creo que Jesús va a sanarme".

El pastor Samuel puso sus manos sobre la mujer agonizante y oró para que el Señor la levantara; luego volvió a su hogar.

Al día siguiente vio a Nibun y le preguntó cómo estaba su madre.

"Mi mamá anda caminando por ahí", respondió con felicidad, "¡y esta mañana nos preparó el desayuno!"

Cuando Samuel llegó a la casa de Nibun, encontró a una familia transformada tanto física como espiritualmente. Todos habían tomado la decisión de seguir a Cristo.

Esta actitud receptiva al Evangelio entre el pueblo dalit y otros grupos más de las castas más bajas, marcan una oportunidad incomparable para llegar actualmente a los menos alanzados del planeta, más de 700 millones de almas. *Bridge of Hope* provee los medios por los cuales podemos llegar a estos millones y así llevar a cabo la tarea.

El padre de Nibun lo expresa de esta manera: "Le agradezco a Dios por este centro y oro para que Él lo use para traer luz a muchos hogares, así como lo ha hecho en nuestra familia".

DERECHA: **PARA DEMASIADOS** niños dalits en la India, la inocencia de la niñez se pierde en la pobreza, el trabajo infantil y la explotación. El problema del analfabetismo—90 por ciento en algunas áreas—deja poca esperanza.

ABAJO: **DESEOSOS POR APRENDER** y llenos de energía, los niños dalits crecen en los centros *Bridge of Hope* (Puentes de Esperanza) de *GFA* como éste, donde reciben una buena educación y aprenden que Jesús los ama.

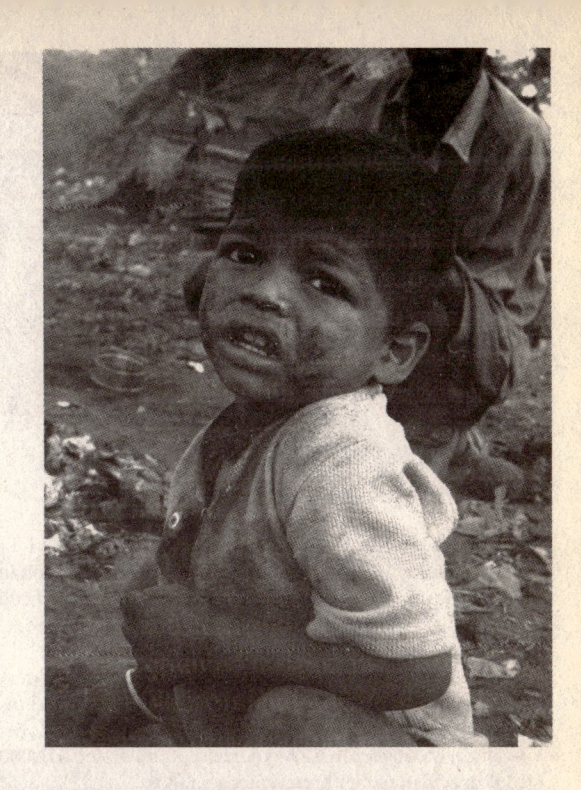

ARRIBA: **NARAYAN SHARMA** (al extremo derecho) es el director del trabajo de *GFA* en Nepal. A través de los años, *GFA* ha entrenado a dedicados hermanos y hermanas nepalíes, que ahora ganan a los perdidos en algunas de las regiones más dificultosas en este reino montañoso. Los puntos blancos en el mapa representan las congregaciones que han plantado.

ABAJO: **NUESTRA META** es establecer congregaciones locales dentro de los pueblos no alcanzados a través de toda Asia. Esta congregación es el fruto de la labor de un misionero y fue plantada durante su primer año en el campo misionero. Dependiendo del costo del terreno y su ubicación, se requiere un promedio de $11.000 dólares para construir una iglesia con capacidad para 300 creyentes sentados.

DERECHA: **LA MAYORÍA DE LOS JÓVENES** que va a los institutos bíblicos de *GFA* viene con el compromiso de ir a los lugares no alcanzados para predicar el Evangelio. *Gospel for Asia* se compromete a ayudar a estos jóvenes a fundamentarse en la Palabra de Dios antes de ser enviados.

DERECHA: **SUS TRES AÑOS DE ENTRENAMIENTO MISIONERO INTENSIVO YA TERMINARON**, y ahora estos jóvenes son enviados a llevar el evangelio a los lugares nunca antes alcanzados. "Si te dan la oportunidad de ser un mártir por la causa del Señor", les dicen, "recuerden que el cielo es un lugar mucho mejor. Él prometió nunca dejarte ni desampararte".

TODOS LOS ESTUDIANTES DEL INSTITUTO BIBLICO DE *GFA* aprenden el método de estudio bíblico inductivo. Antes de la graduación, los estudiantes deben demostrar su habilidad para estudiar y comunicar la Palabra de Dios usando este método. Esto asegura que cuando las nuevas congregaciones se inicien, los nuevos creyentes podrán ser fundamentados en las verdades bíblicas.

LA CARGA DE *GOSPEL FOR ASIA* es de entrenar y equipar a jóvenes para llevar el amor de Cristo a los pueblos no alcanzados del subcontinente Indio. El ochenta por ciento de los graduados en esta foto ya están en el campo misionero, ganando almas para Cristo.

Desde el comienzo de nuestro ministerio, siempre aprovechamos cada oportunidad para compartir acerca del amor y la esperanza que tenemos en Jesús, especialmente en las comunidades más pobres y necesitadas. Esto no ha cambiado. Desde nuestro inicio, hemos tenido ministerios especiales entre las colonias de leprosos y los barrios bajos; con docenas de congregaciones siendo plantadas entre esta gente necesitada. Cuando escuchamos el clamor desesperado de ayuda de los dalits, estábamos ansiosos por alcanzarlos y ayudarlos.

La manera más tangible que encontramos para hacer esto fue ayudar a proveer una educación para sus hijos, lo cual en muchas de estas naciones equivale a la libertad.

En realidad, una de las razones por la cual muchos niños y sus familias permanecen esclavos como trabajadores subyugados, es por el simple hecho de que no pueden leer el contrato que hacen con sus patrones. Por su analfabetismo, se aprovechan de ellos y se los engañan no sólo con respecto al dinero y al tiempo, sino también en cuanto a su futuro.

Sin embargo *Bridge of Hope* no es solamente un esfuerzo social que tiene como propósito y único fin la educación. Para nada. El amor de Cristo es lo que nos obliga a alcanzarlos de esta manera, sabiendo que cada niño y su familia son preciosos ante los ojos de Dios. *Bridge of Hope* es el medio por el cual comunicamos el Evangelio y vemos a millones pasar de muerte a vida.

Déjeme contarle una experiencia que tuve en las primeras etapas de este ministerio potencial para los dalits, que cambió mi forma de pensar y nos empujó a avanzar con el programa de *Bridge of Hope*.

Estaba durmiendo en las primeras horas de la mañana y tuve un sueño. Estaba parado frente a un gran campo de trigo, mirando una cosecha que evidentemente estaba lista. Me quedé ahí por un instante, impresionado por el tamaño de la cosecha. El campo se extendía por lo que parecían millones de hectáreas interminables que se perdían de vista.

Mientras me quedé mirando el trigo dorado balanceándose entre la brisa, me di cuenta repentinamente de que estaba mirando la cosecha de la cual Jesús habló en Juan 4 y Mateo 9. Fue como si el Señor me estuviera diciendo que esta cosecha estaba lista para recogerla, así como nos dice el Salmo 2 que pidamos las naciones y Él nos las dará.

Sobrecogido con la emoción de ver tanta cosecha lista para cortarse y de saber que representaba a millones de millones de almas rescatadas de una eternidad en el infierno, empecé a saltar. Corrí al campo con toda mi fuerza. Pero mientras me acercaba, me detuve. No podía ir más lejos. Había un enorme río entre la cosecha y yo, era un río tan profundo y embravecido que no me atrevía a acercarme ni a tratar de cruzar. No lo había visto desde donde estaba parado antes, pero ahora sí lo veía.

Se me partió el corazón. Solamente podía mirar la cosecha, pero no podía tomarla en mis brazos. Me quedé allí llorando, sintiéndome inútil y desesperado.

De pronto ante mi, se apareció un puente que llegaba de una orilla a la otra del río enorme. No era un puente estrecho sino muy amplio y enorme.

Mientras miraba, el puente se llenó por completo de niños pequeños de toda Asia, niños dalits pobres y desamparados, como aquellos que había visto en las calles de Bombay, Calcuta, Dakar, Katmandú y otras ciudades de Asia.

Luego fue como si alguien me hablara y me dijera: "Si quieres tener esta cosecha, es toda tuya. Pero este es el puente que debes caminar para obtenerla".

Me desperté y me di cuenta de que el Señor me estaba hablando sobre algo muy significativo: que si seguía Su instrucción, veríamos infinitos millones de "intocables" viniendo a Él. Y nuestro ministerio para los niños sería el puente para alcanzarlos.

Compartí este sueño con mis colegas y nos dimos cuenta de que Dios nos había dado este llamado para traer esperanza a los niños de Asia. A través de los centros *Bridge of Hope* los niños aprenderían sobre el Señor Jesucristo y experimentarían Su amor, y como resultado, sus comunidades y familias conocerían al Señor.

Milagrosamente, esto ha estado ocurriendo. Dios ha sido fiel en llevar a cabo los planes que Él puso en nuestro corazón.

Cuando los misioneros de GFA fueron por primera vez a una parte del norte de la India a predicar el Evangelio, fueron fuertemente resistidos. Pero cuando nuestros hermanos empezaron a establecer centros *Bridge of Hope* para sus hijos, les dieron la bienvenida de una forma nueva.

Con el tiempo, empezaron 50 programas de *Bridge of Hope* en esa región. En menos de un año, se plantaron 37 iglesias. Y todo comenzó con los niños pequeños aprendiendo sobre Jesús, yendo a sus hogares y contándoles a sus padres. ¡Luego milagros tras milagros empezaron a suceder!

Dios mediante, mientras avanzamos con una fuerte convicción de ver el Evangelio predicado y la gran comisión verdaderamente cumplida, veremos literalmente a millones venir al conocimiento del Señor. Al responder a las necesidades físicas y hacer lo que podemos hacer en nombre de Jesús, escucharán las Buenas Nuevas del perdón de sus pecados y redención a través de la muerte y resurrección del Señor Jesucristo, y comunidades enteras serán bendecidas.

El verdaderamente cumplir con la gran comisión debe estar en el corazón de cada esfuerzo que busca ministrar las necesidades de la humanidad. Mientras éste sea el motivo para avanzar con la tarea, el amor de Dios se mostrará de una manera tangible que llegará al fondo del corazón de hombres y mujeres, atrayéndolos así al Salvador de sus almas.

Cuando todo esté dicho y hecho, la conclusión final debe ser "a los pobres es anunciado el evangelio" (Mateo 11:5) Si no se hace esto, hemos fallado.

Catorce

La necesidad de una revolución

Si pudiéramos pasar solamente un minuto en las llamas y el tormento del infierno, veríamos el poco amor que hay en el llamado "evangelio" que prevalece en muchas de las misiones hoy.

Teología, que es una palabra extravagante para designar lo que creemos marca la diferencia en el campo misionero. Cuando vamos al libro de los Hechos, encontramos que los discípulos estaban convencidos de que el hombre sin Cristo estaba perdido. Ni siquiera la persecución los detuvo de llamar a la gente de todas partes al arrepentimiento y a convertirse a Cristo.

Pablo clama en Romanos 10:9-15 por la urgencia de predicar a Cristo. En su época, los problemas sociales y económicos en ciudades como Corinto, Éfeso y otros lugares eran iguales o peores a los que nos enfrentamos hoy. Sin embargo, el apóstol no salió para establecer centros sociales de asistencia, hospitales o instituciones educativas. Pablo declaró en 1 Corintios 2:1-2: "Así que, hermanos, cuando fui a vosotros... me propuse no saber entre vosotros cosa alguna sino a Jesucristo, y a éste crucificado".

Pablo reconoció que Jesucristo era la respuesta suprema a todos los problemas del hombre. A pesar de que estaba preocupado por los santos pobres, usted no puede perder el énfasis principal de su vida y de su mensaje.

He hablado en iglesias que tenían millones de dólares invertidos en sus edificios, iglesias con pastores conocidos como excelentes maestros de la Palabra que amaban la gente. Sin embargo, descubrí que muchos de ellos no tenían ningún tipo de programa misionero.

Al predicar en una de estas iglesias, les dije: "Aunque ustedes se proclaman evangélicos y dedican su tiempo y su vida para aprender más y más verdades bíblicas, con toda honestidad, no considero que crean en la Biblia".

Mis oyentes se horrorizaron. Pero yo continué.

"Si creyeran en la Biblia como dicen creer, el saber que hay un lugar real que se llama infierno, donde millones irán y pasarán la eternidad si mueren sin Cristo, los haría las personas más desesperadas del mundo para dejar todo lo que tienen sólo para mantener las misiones y el alcance a los perdidos la prioridad número uno de su vida".

El problema con esta congregación, como con muchas otras, es que no creían en el infierno.

C.S. Lewis, ese gran defensor británico de la fe, escribió: "No hay doctrina que más quisiera quitar del cristianismo que ésta (el infierno). Pagaría lo que sea para poder decir verdaderamente: 'Todos serán salvos' ".[1]

Pero Lewis, así como nosotros, se dio cuenta de que esto no era verdad ni tenía el poder para cambiarlo.

Jesús mismo habló frecuentemente del infierno y el juicio venidero. La Biblia lo llama el lugar del fuego que nunca se apagará, donde los gusanos que comen carne no mueren, un lugar de gran oscuridad donde habrá llanto eterno y crujir de dientes. Éstos y cientos de otros versículos relatan un lugar real donde los hombres perdidos pasarán la eternidad si mueren sin Jesucristo.

Sólo unos pocos creyentes parecen haber incorporado la realidad del infierno en su estilo de vida. De hecho, es difícil creer que nuestros amigos que no conocen a Jesús realmente están destinados al infierno eterno.

Sin embargo, como enfaticé en el capítulo 12, muchos cristianos sostienen en su corazón la idea de que, de una u otra manera, hay caminos hacia la redención para aquellos que no han oído. La Biblia no nos da ni una pizca de esperanza para creer tal cosa. Declara con claridad que "está establecido para los hombres que mueran una sola vez, y después de esto el juicio" (Hebreos 9:27). No hay salida de la muerte, el infierno, el pecado, ni la tumba excepto por Jesucristo. Él dijo: "Yo soy el camino, la verdad, y la vida; nadie viene al Padre, sino por mí" (Juan 14:6).

Qué diferentes serían nuestras iglesias si empezáramos a vivir por la verdadera revelación de la Palabra de Dios con respecto al infierno. En vez de eso, las iglesias locales y las misiones, tanto en el occidente como en el oriente, han sido infectadas con mortandad y continúan repartiendo mortandad a millones de almas perdidas que nos rodean.

La iglesia, que Jesús llamó de este mundo y la apartó para Él, en gran parte ha olvidado la razón de su existencia. La falta de equilibrio de la iglesia se ve en la ausencia actual de santidad, realidad espiritual y preocupación por los perdidos. Los reemplazó por la vida que alguna vez conoció como la enseñanza y el alcanzar prosperidad, placer, participación política y social.

"El cristianismo evangélico", comentó Tozer proféticamente antes de su muerte, "está trágicamente debajo del estándar del Nuevo Testamento. La mundanalidad es un hecho aceptado en nuestro estilo de vida. Nuestro modo religioso es social en vez de espiritual".

Cuanto más nuestros líderes se desvían de Dios, más se vuelven a los caminos del mundo. Una iglesia en Dallas gastó varios millones de dólares en construir un gimnasio "para mantener a los jóvenes interesados en la iglesia". Muchas iglesias se han convertido en clubes seculares con equipos de softbol, clases de golf, escuelas y otros tipos de clases para que la gente siga yendo a sus edificios y dándoles los diezmos. Algunas iglesias se han alejado tanto del Señor que patrocinan cursos de yoga y meditación, adaptaciones occidentales de ejercicios religiosos del hinduismo.

Si esto es lo que se considera el alcance de las misiones locales, ¿no es natural que las mismas iglesias caigan presas de la filosofía seductora de los humanistas cristianos al planear la obra misionera más allá de las fronteras?

Los verdaderos misioneros cristianos están siempre conscientes de que hay un infierno eterno por evitar y un cielo por ganar. Necesitamos restaurar la visión equilibrada que tenía el General William Booth cuando inició el Ejército de Salvación. Tenía una compasión increíble por ganar las almas perdidas para Cristo. Sus propias palabras cuentan la historia de lo que imaginó para el movimiento: "Ve por las almas y ve por lo peor".

¿Qué haría Jesús si caminara por nuestras iglesias hoy?

Me temo que no podría decirnos: "Han mantenido su fe, han corrido la carrera sin desviarse ni a derecha ni a izquierda, y han obedecido Mi mandamiento de alcanzar al mundo". Creo que saldría a buscar un látigo, porque hemos hecho de la casa de Su Padre una cueva de ladrones. Si esto es así, entonces debemos reconocer que el momento es muy desesperante para que nos sigamos engañando. Estamos más allá del avivamiento o la reforma. Si este Evangelio debe ser predicado en todo el mundo durante nuestra existencia, debemos tener una revolución cristiana enviada del cielo.

Pero antes de que llegue la revolución, debemos reconocer que necesitamos una. Somos como un hombre perdido mirando un mapa. Antes de elegir el camino correcto que nos lleve al destino, debemos determinar dónde nos equivocamos, volver a ese punto y empezar de nuevo. Así que mi clamor al cuerpo de Cristo es simple: vuelva al camino del Evangelio verdadero. Necesitamos predicar de nuevo todo el consejo de Dios. Nuestra prioridad debe ser una vez más llamar a los hombres al arrepentimiento y arrebatarlos del fuego del infierno.

Hay poco tiempo. Si no estamos dispuestos a suplicar en oración por una revolución en las misiones, y dejar que comience en nuestra propia vida, hogar e iglesia, Satanás nos arrebatará esta generación.

Podemos intercambiar almas por cuerpos, o podemos marcar una diferencia patrocinando a misioneros nacionales que creen en la Biblia y que están en el extranjero.

Hace muchos años 40 aldeas de la India, que alguna vez se consideraron cristianas, volvieron al hinduismo. ¿Puede ser que aldeas enteras que habían experimentado el libertador Evangelio de Jesucristo volvieran a la esclavitud de Satanás?

No. Estas aldeas se decían "cristianas" sólo porque habían sido "convertidas" por misioneros que se valieron de hospitales, recursos materiales y otros incentivos para atraerlos al cristianismo. Pero cuando les redujeron las retribuciones materiales o cuando otros movimientos competitivos ofrecieron beneficios parecidos, estos convertidos volvieron a sus viejos caminos culturales. En términos misioneros, eran "cristianos por la conveniencia material".

Cuando se les ofrecía lo que necesitaban, cambiaban sus nombres y su religión respondiendo al ofrecimiento. Pero nunca entendieron el verdadero Evangelio de la Biblia. Después de todo el esfuerzo, esta gente estaba tan perdida como siempre. Pero ahora estaban peor, se les había presentado un panorama completamente erróneo de lo que significa y lo que implica seguir a Cristo.

¿Será eso lo que tememos en Estados Unidos: si quitamos los gimnasios y los equipos de softbol, se traducirá en la falta de seguidores?

La enseñanza del campo misionero es que satisfacer sólo las necesidades físicas no lleva a la gente a seguir a Dios. Ya sea que tengan hambre o que estén satisfechos, sean ricos o pobres; los seres humanos permanecen en rebelión a Dios sin el poder del Evangelio.

A menos que volvamos al equilibrio bíblico, al Evangelio de Jesús tal como Él lo proclamó, nunca podremos hacer el hincapié apropiado en el alcance misionero de la iglesia.

Jesús fue compasivo con los seres humanos como personas integrales. Hizo todo lo que pudo para ayudarlos, pero nunca olvidó el propósito principal de su misión en la tierra: reconciliar al hombre con Dios, morir por los pecadores y redimir sus almas del infierno. Jesús se ocupó primero del lado espiritual del hombre, luego del cuerpo.

Esto está claramente ilustrado en Mateo 9:2-7 cuando primero perdonó los pecados del paralítico y después lo sanó.

En Juan 6:1-13, Jesús alimentó milagrosamente a 5.000 hombres hambrientos más las mujeres y los niños. Los alimentó después de predicarles, no antes para llamar su atención.

Más tarde, en el versículo 26, encontramos que esta gente seguía a Jesús no por sus enseñanzas o por quién era, sino porque los había alimentado. Hasta intentaron hacerlo rey equivocadamente. Al ver el peligro de su confusión espiritual, Jesús se apartó de ellos. No quería admiradores, sino discípulos.

Los apóstoles no tuvieron miedo de decirle al mendigo "no tengo plata ni oro, pero lo que tengo te doy..." (Hechos 3:6). Luego le predicaron el Evangelio.

He tenido experiencias parecidas por toda la India. Todavía tengo que conocer a una persona que no esté dispuesta a escuchar las maravillosas buenas nuevas de Jesús debido a su condición física.

Como cristianos, debemos seguir el ejemplo de Jesús. Realmente creo que debemos hacer todo lo que podamos para aliviar el dolor y el sufrimiento que nos rodea. Debemos amar a nuestro prójimo como a nosotros mismos en todas las áreas de la vida. Pero debemos mantener la prioridad suprema de compartir el mensaje de salvación con ellos y nunca debemos atender las necesidades físicas a expensas de predicar a Cristo. Este es el equilibrio bíblico, el verdadero Evangelio de Jesús.

Quince

El verdadero culpable: la oscuridad espiritual

Mis anfitriones en el sudoeste de los Estados Unidos donde, estaba predicando en una conferencia misionera, habían sido considerados al reservarme una habitación en un motel. Era bueno tener unos minutos solo y anhelaba contar con un poco de tiempo para orar y meditar en las Escrituras.

Cuando me estaba instalando, me di vuelta y vi un gran televisor que dominaba la habitación. Lo que irrumpió en la pantalla me impresionó más que cualquier otra cosa que había visto en Estados Unidos. Allí, en colores hermosos, había una mujer atractiva sentada en posición de loto enseñando yoga. Miré horrorizado y asombrado mientras ella elogiaba los beneficios que tenían las técnicas respiratorias y otros ejercicios de esta práctica religiosa oriental sobre la salud. Lo que sus televidentes no sabían es que el yoga está diseñado con un sólo propósito: abrir la mente y el cuerpo a los dioses falsos del oriente.

Por el sólo hecho de que esa instructora de yoga estadounidense vestía un atuendo para gimnasia, decía tener un título de postgrado y aparecía en un canal de televisión educativo, supongo que muchos de los televidentes cayeron en el engaño de creer que esto era sólo un programa inofensivo de ejercicios. Pero aquellos que nacimos y crecimos en naciones dominadas por los poderes de las tinieblas sabemos que cientos de religiones orientales se comercializan en los Estados Unidos y en Canadá bajo marcas inofensivas, que hasta suenan científicas.

Son pocos los occidentales que al ver las noticias de pobreza, sufrimiento y violencia en Asia, se detienen un momento para preguntarse por qué el oriente está atado a un interminable ciclo de sufrimiento mientras que las naciones occidentales son tan bendecidas.

Los humanistas seculares son rápidos para dar muchas razones históricas y pseudocientíficas sobre la desigualdad, porque no están dispuestos a enfrentar la verdad. Pero la razón verdadera es simple: la herencia judeocristiana de Europa ha traído el favor de Dios, mientas que las religiones falsas han traído la maldición de Babilonia a otras naciones.

Los cristianos maduros se dan cuenta de que la Biblia enseña que solamente hay dos religiones en este mundo. La que adora al único y verdadero Dios y el sistema falso inventado en la antigua Persia. De ahí, los ejércitos y los sacerdotes persas expandieron su fe en la India, donde afianzó raíces. Sus misioneros la esparcieron poco a poco por el resto de Asia. El animismo y todas las otras religiones asiáticas tienen una herencia común en este único sistema religioso.

Como muchos occidentales no están al tanto de este hecho, el misticismo oriental puede expandirse en el occidente a través de la cultura pop, bandas de música rock, cantantes y hasta profesores de la universidad. Los medios de comunicación se han convertido en un nuevo vehículo para expandir la oscuridad espiritual a través de los gurús estadounidenses.

Es difícil culpar a los cristianos comunes por malinterpretar lo que está sucediéndoles a ellos y a la herencia judeocristiana que ha traído tales bendiciones a su tierra. La mayoría nunca se ha tomado el tiempo para estudiar y discernir la situación verdadera en el oriente. Pocos pastores o profetas están sonando la alarma.

El verdadero culpable: la oscuridad espiritual

En Asia, la religión de Babilonia esta entretejida en cada minuto del día. Sin Cristo, la gente vive para servir a espíritus religiosos. La religión se relaciona con todo, incluyendo tu nombre, nacimiento, educación, matrimonio, transacciones comerciales, contratos, viajes y muerte.

Como la cultura y la religión oriental son un misterio, mucha gente en el occidente está fascinada con ellas sin saber que su poder esclaviza a sus seguidores. Lo que generalmente sigue al misterio de las religiones de Babilonia son la degradación, la humillación, la pobreza, el sufrimiento y hasta la muerte.

Yo veo que la mayoría de los creyentes en Estados Unidos están agobiados por la televisión y las noticias de los medios de comunicación sobre Asia. Los números que se informan están más allá de lo que podemos imaginar; y la injusticia, la pobreza, el sufrimiento y la violencia parecen imposibles de detener. Todas las cosas orientales parecen ser misteriosas, y medidas ya sea a gran escala, o tan diferentes que no se pueden comparar con cosas conocidas.

En todos mis viajes, por consiguiente, encuentro que a la mayoría de la gente le es extremadamente difícil entender las necesidades de Asia. A veces desearía poder llevar a mi audiencia a una gira de seis meses por Asia. Pero como eso no es posible, tengo que usar palabras, fotos, presentaciones de PowerPoint y videos para mostrar un cuadro más claro.

Asia es un lugar maravilloso en muchos sentidos ya que Dios la ha bendecido con el impresionante Himalaya, ríos imponentes, selvas tropicales y una mezcla impresionante de pueblos hermosos. Distintas culturas se mezclan en las enormes ciudades como Mumbai (Bombay), Bangkok y Kuala Lumpur, y sus corporaciones están en el liderazgo mundial en campos tan diversos como la física, la tecnología computacional, la arquitectura y la industria cinematográfica. La gente viaja de todas partes del mundo para visitar monumentos como el Taj Mahal en la

India y el Angkor Wat en Camboya. Pero como dos de cada tres personas en el mundo viven en Asia (más que las poblaciones de Europa, África, América del Norte y América del Sur combinadas) también es importante que nos tomemos el tiempo para entender las necesidades reales de esta preciosa gente.

Desde el punto de vista de las misiones cristianas, Asia es más que sólo grandes números. Asia constituye una vasta mayoría con más de 2 mil millones de personas "ocultas", a quienes los esfuerzos misioneros tradicionales y el evangelismo masivo de los medios de comunicación las pasan por alto. Son los más perdidos de los perdidos y atrapados en total oscuridad espiritual.

¿Cuáles son los desafíos que enfrentan las misiones indígenas hoy? ¿Qué tan reales son las necesidades? ¿Cómo pueden ayudar mejor los cristianos a la iglesia asiática y sus esfuerzos misioneros?

No estoy tratando de minimizar las necesidades sociales y materiales de las naciones asiáticas, pero es importante volver a enfatizar que el problema fundamental de Asia es espiritual. Cuando los medios de comunicación occidental se concentran casi por completo en sus problemas de hambre, por ejemplo, mostrando fotos de niños desnutridos en televisión, es difícil para los estadounidenses no tener la falsa impresión de que el hambre es el mayor problema.

¿Pero qué causa el hambre? Los cristianos asiáticos saben que estas condiciones horribles son sólo síntomas del verdadero problema: la esclavitud espiritual. El factor clave (y el más descuidado) para entender el problema del hambre en la India es cómo su sistema de creencias afecta la producción de alimentos. La mayoría de la gente sabe sobre las "vacas sagradas" que deambulan libremente, comiendo toneladas de granos mientras la gente allí muere de hambre. Pero un culpable menos conocido y más peligroso es otro animal protegido por la creencia religiosa: la rata.

Según aquellos que creen en la reencarnación, se debe proteger a la rata debido a que probablemente resida en ésta un alma reencarnada que va camino hacia la evolución espiritual del nirvana. A pesar de que muchos asiáticos niegan esto y envenenan a las ratas, muchos esfuerzos de exterminación a gran escala se han frustrado debido a la protesta religiosa.

Cada año, las ratas comen o echan a perder el 20 por ciento de los granos de la India. Una encuesta reciente en el distrito de Hapur, en el norte de la India, donde crece el trigo, reveló que hay un promedio de 10 ratas por casa.

De una cosecha de cereales en la India, incluyendo maíz, trigo, arroz, mijo y demás (un total de 134 millones de toneladas métricas) el 20 por ciento que se pierde por las ratas llega a un total de 26.8 millones de toneladas métricas. La idea se comprende mejor cuando nos imaginamos un tren con vagones de mercancías llevando esa cantidad de granos. Si cada vagón carga aproximadamente 82 toneladas métricas, el tren contendría 327.000 vagones y tendría una extensión de aproximadamente 5 kilómetros. La pérdida anual de granos en la India llenaría un tren más largo que la distancia entre Nueva York y Los Ángeles.

Los efectos devastadores de la rata en la India la hacen ser un objeto de burla. Sin embargo, por la ceguera espiritual de la gente la rata está protegida y en algunos lugares, como en un templo a 48 kilómetros de Bikaner en el norte de la India, es adorada.

Según un artículo en el *India Express* (Diario de la India), "por sus devotos cientos de ratas, llamadas 'kabas', corretean alegremente en unas instalaciones grandes del templo y a veces alrededor de la imagen de la diosa Karni Devi ubicada en una cueva. Las ratas se alimentan con "prasad". Prasad es la comida dedicada a la divinidad hindú ofrecida por los devotos o el administrador del templo. La leyenda dice que la suerte de la comunidad está relacionada a la fortuna de las ratas."

"Uno tiene que caminar con cuidado por el templo, ya que si pisa una rata y ésta muere, no sólo se considera un mal augurio sino que también pudiera implicar un castigo severo. Uno puede considerarse afortunado si una rata se le trepa al hombro. Mejor aún es ver una rata blanca."

Claramente, la agonía que vemos en los rostros de esos niños hambrientos y de los mendigos es en realidad por siglos de esclavitud religiosa. En mi propia y amada tierra natal, la India, cada año miles de vidas y miles de millones de dólares van a programas sociales, educación, recursos médicos y de asistencia. Muchas de las crisis que se consideran desastres en los Estados Unidos serían condiciones cotidianas y normales en gran parte de Asia. Cuando tenemos desastres en el oriente, las víctimas se duplican como en la guerra de Vietnam. El gobierno asiático lucha con estos problemas sociales y con recursos limitados.

Sin embargo a pesar de los programas sociales masivos, los problemas del hambre, de crecimiento de la población y de pobreza siguen creciendo. El verdadero culpable no es una persona, la falta de recursos o un sistema de gobierno. Es la oscuridad espiritual que extermina cualquier esfuerzo hacia el progreso. Lleva a nuestra gente a la miseria, tanto en este mundo como en el venidero. La única reforma social más importante que se puede traer a Asia es el Evangelio de Jesucristo. Más de 400 millones de personas nunca han escuchado el nombre de Jesucristo. Necesitan la esperanza y la verdad que sólo el Señor Jesús les puede dar.

Recientemente, por ejemplo, un misionero nacional que sirve al Señor en Jammu, le preguntó a un comerciante en el mercado si conocía a Jesús. Después de pensar un instante, dijo: "Señor, yo conozco a todos en nuestra aldea. No hay nadie con ese nombre que viva aquí. ¿Por qué no va a la aldea que sigue? Quizás viva allí".

Frecuentemente los evangelistas misioneros nacionales se encuentran con personas que preguntan si Jesús es la marca de un nuevo jabón o de un medicamento específico.

De hecho, en la India hay en sí más de 1.000 millones de habitantes, cuatro veces la población de los Estados Unidos. Sólo el 2.4 por ciento se proclaman cristianos.[1] A pesar de que esta cifra refleja el censo oficial del gobierno, otras fuentes cristianas creen que el número llega hasta un 7.4 por ciento.[2] Aun así, la India, con aproximadamente 500.000 aldeas sin evangelizar, es sin duda uno de los desafíos evangelísticos más grandes que enfrenta la comunidad cristiana de hoy. Si esta tendencia continúa, pronto será la nación más poblada del mundo. Muchos de los 29 estados de la India tienen poblaciones más grandes que naciones enteras en Europa y en otras partes del mundo.

No sólo las poblaciones son enormes, sino que cada estado es tan particular como si fuera otro mundo. La mayoría tiene culturas, vestimentas, alimentación e idiomas completamente diferentes. Pero pocas naciones en Asia son semejantes. En algún punto la mayoría son como la India, naciones compuestas por muchos idiomas, pueblos y tribus. La diversidad, de hecho, es lo que hace de Asia un desafío tan colosal para la obra misionera.

Dieciséis

Los enemigos de la cruz

El movimiento misionero indígena, la única esperanza para aquellas naciones no alcanzadas, se enfrenta al desafío de sus rivales: Satanás y el mundo. Los avivamientos de las religiones tradicionales, el crecimiento del materialismo secular incluyendo el comunismo, y el crecimiento de las barreras culturales y nacionalistas están todos unidos en contra de la actividad misionera cristiana.

Sin embargo, el amor de Dios puede penetrar esta gran cantidad de barreras.

"Crecí en un hogar donde adorábamos a muchos dioses", dice Masih, quien por años buscó paz espiritual a través de la autodisciplina, el yoga y la meditación como lo requería su casta. "Hasta me convertí en el sacerdote de nuestra aldea, pero no podía encontrar la paz y el gozo que quería".

"Un día recibí un tratado del Evangelio y leí sobre el amor de Jesucristo. Respondí a lo que ofrecían en el panfleto y me inscribí en un curso por correo para aprender más sobre Jesús. El 1 de enero de 1978 le di mi vida a Jesucristo. Me bauticé tres meses después y me puse el nombre cristiano 'Masih', que significa 'Cristo'".

En Asia, el bautismo y ponerse un nombre cristiano simbolizan una ruptura total con el pasado. Para evitar la censura, que frecuentemente viene con el bautismo, algunos creyentes esperan años antes de ser bautizados. Pero Masih no esperó. La reacción fue rápida.

Cuando sus padres se dieron cuenta de que su hijo había rechazado a sus dioses, empezaron una campaña de persecución. Para escapar, Masih fue a Kota en el estado de Rajastán para buscar un empleo. Trabajó seis meses en una fábrica y mientras tanto se unió a un grupo de creyentes de la zona. Gracias al ánimo que le dieron, se inscribió en un instituto bíblico y empezó a conocer a fondo las Escrituras.

Durante sus tres años de estudio, hizo su primer viaje a su hogar. "Mi padre me mandó un telegrama pidiéndome que regresara a casa", recuerda Masih. "Dijo que estaba 'muy enfermo'. Cuando llegué, mi familia y mis amigos me pidieron que renunciara a Cristo. Al ver que no lo hice, me persiguieron y mi vida corría peligro. Tuve que huir".

Al volver al instituto, Masih pensó que Dios lo llevaría a ministrar en alguna otra parte de la India. La respuesta a sus oraciones lo impactó.

"Mientras esperaba en el Señor, Dios me guio a regresar y trabajar entre mi propia gente", cuenta. "Quería que compartiera el amor de Dios a través de Cristo con ellos, como el endemoniado de la región de los gadarenos a quien Jesús sanó y envió de regreso a su propia aldea".

Hoy, Ramkumar Masih participa en la plantación de iglesias en su ciudad natal y las aldeas de alrededor, trabajando entre hindúes y musulmanes en un ambiente básicamente hostil.

A pesar de que Masih no ha tenido que pagar el precio mayor para ganar a su gente para Cristo, cada año en toda Asia matan por su fe a un número de misioneros cristianos y creyentes comunes. El total en el siglo pasado, se estima en 45 millones, sin duda más que el total de muertes previas al siglo XIX en la historia de la iglesia.[1]

¿Quiénes son estos enemigos de la cruz que buscan oponerse al avance del Evangelio en naciones que tanto necesitan escuchar de la esperanza y la salvación? No son nada nuevos, simplemente viejos recursos del enemigo, algunas de sus tácticas finales para mantener a estas naciones atadas.

Religiones tradicionales

Hay avivamientos de religiones tradicionales por toda Asia. A pesar de que algunos países han ido por el camino de Irán, en donde un avivamiento religioso del Islam derribó al estado; el sectarismo religioso es el problema principal en muchos países.

Cuando los materialistas ateos toman el gobierno, los medios de comunicación y las instituciones educativas, la mayoría de las naciones experimenta un gran retroceso. Así como los líderes religiosos tradicionales se están dando cuenta, no es suficiente forzar a las naciones occidentales para que se vayan. Los humanistas seculares controlan con firmeza la mayoría de los gobiernos asiáticos y muchos líderes religiosos tradicionales extrañan el poder que alguna vez ejercieron.

A nivel local, muy seguido y a propósito, los líderes políticos se valen de la religión tradicional y del nacionalismo para beneficiarse a corto plazo. En las aldeas, las religiones tradicionales aún tienen un poderoso control en la mente de la mayoría de la gente. Casi todas las aldeas y comunidades tienen su ídolo o deidad favorita, solamente en el panteón hindú hay 330 millones de dioses. Además, varios cultos animistas, que incluyen la adoración de espíritus poderosos, se practican abiertamente junto con el Islam, el hinduismo y el budismo.

En muchas áreas, todavía el templo de la aldea es el centro de la educación informal, el turismo y el orgullo cívico. La religión es un gran negocio, y los templos absorben una gran suma de dinero anualmente. Millones de sacerdotes y profesionales aficionados a las artes ocultas también están aprovechándose de la continuidad y la expansión de las religiones tradicionales. Como los plateros en Éfeso, no se toman la expansión del cristianismo a la ligera. La religión, el nacionalismo y la ganancia económica se combinan como un explosivo volátil que el enemigo está usando para cegar los ojos de millones.

Pero Dios está llamando a los misioneros nacionales a predicar el Evangelio de todos modos y muchos están aceptando las Buenas Nuevas en áreas firmemente controladas por las religiones tradicionales.

El espíritu del Anticristo

Pero los enemigos de la cruz incluyen más que las religiones tradicionales. Una nueva fuerza, aún más poderosa, está azotando Asia. Es lo que la Biblia llama el espíritu del anticristo, la nueva religión del materialismo secular. Frecuentemente se manifiesta como una forma del comunismo y ha tomado el control de los gobiernos de muchos países, incluyendo Myanmar (Burma), Camboya, China, Laos, Corea del Norte y Vietnam. Pero hasta en aquellas naciones asiáticas con democracias como la India y Japón, ha ganado una influencia política tremenda en muchas formas no comunistas.

Los templos de esta religión nueva son los reactores atómicos, las refinerías, los hospitales y los centros comerciales. Los sacerdotes son casi siempre los técnicos, científicos y generales militares que se esfuerzan con impaciencia por reconstruir las naciones de Asia a la imagen del occidente industrial. El cambio político en gran parte de Asia ha ido tras estos hombres y mujeres que prometen salud, paz y prosperidad sin un dios sobrenatural; ya que el hombre mismo es su dios.

En un sentido, el humanismo y el materialismo secular diagnostican correctamente la religión tradicional como la principal fuente de opresión y pobreza en toda Asia. El humanismo es el enemigo natural de la religión teísta porque ofrece un método mundano y científico para resolver los problemas de la humanidad sin Dios. Como resultado de este creciente materialismo científico, existen movimientos seculares fuertes en cada nación asiática. Se unen y buscan eliminar la influencia de toda religión en la sociedad, incluyendo el cristianismo. Asia moderna, en las grandes ciudades y capitales en donde el humanismo reina, está controlada por muchos de los mismos empujes y deseos que han dominado el occidente los últimos 100 años.

La presión anticristiana del mundo: la cultura

Si las religiones tradicionales asiáticas representan un ataque espiritual al cristianismo, el humanismo secular es un ataque a la carne. Eso deja solo un enemigo en discusión: la presión anticristiana del mundo. La cultura misma es la barrera final de Cristo y aún probablemente la más fuerte de todas.

Cuando Mahatma Gandhi regresó a la India después de vivir años en Inglaterra y en Sudáfrica, en seguida se dio cuenta de que el movimiento "Abandonen la India" estaba fracasando porque su liderazgo nacional no quería dejar las costumbres europeas. Así que, a pesar de que él era indio, tuvo que renunciar a su vestimenta y a sus costumbres occidentales, de lo contrario no habría podido liberar a su pueblo del yugo británico. Pasó el resto de su vida reaprendiendo cómo ser un indio de nuevo: en la vestimenta, la alimentación, la cultura y el estilo de vida. Con el tiempo ganó la aceptación de la gente común y corriente de la India. El resto es historia. Se convirtió en el padre de mi nación, el George Washington de la India moderna.

Los mismos principios son válidos para los esfuerzos evangelísticos y la plantación de iglesias en toda Asia. Debemos aprender a adaptarnos a la cultura. Es por esto que el evangelista nacional, el que viene de la tierra nativa, es tan efectivo. Cuando los adoradores de Krishna con togas amarillas, sus cabezas afeitadas y rosarios de oración se acercan a los estadounidenses aquí en los Estados Unidos, estos inmediatamente rechazan el hinduismo. De la misma forma, los hindúes rechazan el cristianismo cuando viene con costumbres occidentales.

¿Los asiáticos han rechazado a Cristo? No realmente. En la mayoría de los casos han rechazado sólo las trampas de la cultura occidental que los han atado al Evangelio. A esto se refería el apóstol Pablo cuando dijo: "a todos me he hecho de todo" para poder ganar a algunos.

Cuando los asiáticos comparten a Cristo con otros asiáticos en una forma cultural aceptable, los resultados son asombrosos. Jager, un misionero nacional que apoyamos en el noroeste de la India, ha alcanzado 60 aldeas con las Buenas Nuevas y ha establecido 30 iglesias en un área difícil de Punjab. Ha guiado a cientos a encontrar el gozo de conocer a Cristo. En un viaje a la India, me desvié de mi camino para visitar a Jager y a su esposa. Tenía que ver con mis propios ojos qué clase de programa estaba usando.

Imagínense mi sorpresa cuando vi que Jager no estaba usando ninguna tecnología especial, a menos que quieran llamar "tecnología" a una moto y tratados que le habíamos facilitado. Él estaba viviendo como la demás gente. Tenía solamente una casa de una habitación hecha de estiércol y barro. La cocina estaba afuera, también hecha de barro, del mismo material con que se construye todo en esa región. Para cocinar los alimentos, su esposa se inclinaba en frente de una fogata al aire libre igual que sus vecinas. Lo sorprendente de este hermano era que todo lo relacionado a él y a su esposa era verdaderamente indio. No había nada extranjero.

Le pregunté a Jager qué le ayudaba a continuar en medio de un desafío tan increíble y de tanto sufrimiento. Dijo: "Esperar en el Señor, mi hermano". Descubrí que pasaba de dos a tres horas diarias en oración, leyendo y meditando en la Biblia. Esto es lo que se requiere para ganar a Asia para Cristo. Esta es la clase de misionero por el cual nuestras naciones claman.

Jager fue guiado a Cristo por otro evangelista nacional, quien le explicó acerca del Dios viviente. Le habló de un Dios que aborrece el pecado y se hizo hombre para morir por los pecadores y liberarlos. Esta era la primera vez que se predicaba el Evangelio en su aldea, y Jager siguió al hombre por varios días.

Finalmente, recibió a Jesús como su Señor y su familia lo repudió. Gozoso y sorprendido por su vida recién descubierta, salió a repartir tratados de aldea en aldea, hablando de Jesús. Al final, vendió sus dos negocios. Con el dinero que ganó, condujo reuniones evangelísticas en aldeas de la zona.

Este es un hombre de la misma cultura, trayendo a Cristo a su propia gente de manera culturalmente aceptable. El apoyo que los asiáticos necesitan del occidente, si queremos completar la obra que Cristo nos ha dejado, es reclutar, equipar y enviar evangelistas misioneros nacionales.

Los evangelistas nacionales están preparados para enfrentarse a tres grandes desafíos que estamos viendo en el oriente.

1: Habitualmente entienden la cultura, las costumbres y el estilo de vida; así como también el idioma. No tienen que perder tiempo valioso en preparaciones extensas.

2: La comunicación más efectiva se da entre colegas. A pesar de que aún puede haber barreras sociales que vencer, son menores y más fáciles de identificar.

3: Es una inversión sabia para nuestros recursos, porque el misionero nacional necesita menos dinero para desarrollar su trabajo que los extranjeros.

Una de las leyes más básicas de la creación es que toda cosa viviente se reproduce en su misma especie. Este principio se aplica en evangelismo y discipulado, así como en otras áreas. Si queremos ver un movimiento masivo de gente que se acerque a Cristo, será hecho sólo a través de muchos miles de misioneros nacionales más en el campo misionero.

¿Cuántos se necesitan? Solamente en la India todavía tenemos que alcanzar 500.000 aldeas. Al observar otras naciones, nos damos cuenta de que miles más quedan sin un testigo. Si queremos alcanzar todas las demás aldeas que están abiertas ahora mismo, *Gospel for Asia* necesitará decenas de miles evangelistas misioneros nacionales adicionales. El costo para apoyar a estos obreros será de millones por año. Pero esto es sólo una fracción de los $94.000 millones que las iglesias de Norteamérica malgastaron en otras necesidades y deseos en el 2000.[2] Y el resultado será una revolución de amor que traerá a millones de asiáticos a Cristo.

Entonces, ¿los misioneros nacionales están preparados para llevar adelante el evangelismo transcultural? La respuesta es sí. ¡Y con gran eficacia! La mayoría de los misioneros nacionales a los que apoyamos, en realidad, de alguna manera están involucrados en el evangelismo transcultural. Frecuentemente, los evangelistas apoyados por *Gospel for Asia* se dan cuenta de que tienen que aprender un nuevo idioma, además de adoptar una vestimenta y costumbres alimenticias diferentes. Sin embargo, como las culturas son con frecuencia vecinas o comparten una herencia similar, la transición es más fácil de lo que sería para alguien que viene del occidente.

A pesar de que mi tierra natal tiene 18 idiomas principales y 1.650 dialectos[3], cada uno representando a una cultura diferente, todavía es relativamente fácil para un indio hacer una transición de una cultura a otra. De hecho, casi todos en Pakistán, la India, Bangladesh, Myanmar, Nepal, Bután, Tailandia y Sri Lanka pueden relativamente rápido ministrar en una cultura vecina.

Los obreros nacionales que buscan aprender nuevos idiomas y plantar iglesias en otras culturas enfrentan desafíos especiales. En este particular esfuerzo, *Gospel for Asia* busca trabajar con agencias afines que los ayuden a vencer estos desafíos.

El desafío de Asia clama por nosotros. Los enemigos de la cruz abundan, pero ninguno de ellos puede resistirse al poder del amor de Jesús. Los problemas que enfrentamos son verdaderamente grandes, pero se pueden vencer a través del ministerio dedicado de los evangelistas misioneros nacionales.

Diecisiete

El agua de vida en una copa extranjera

Cuando pensamos en el tremendo desafío de Asia, no es mucho pedir, un ejército nuevo de misioneros para alcanzar estas naciones para Cristo. Ahora mismo el Señor está levantando a decenas de miles de misioneros nacionales en todas estas naciones subdesarrolladas. Son asiáticos, muchos de los cuales ya viven en la nación que deben alcanzar o en una cultura cercana, a pocos kilómetros de las aldeas no evangelizadas a las que el Señor los enviará.

La situación en el mundo de las misiones es deprimente sólo cuando lo pensamos en términos del colonialismo occidental del siglo XIX. Si la verdadera tarea de la evangelización del mundo depende de "mandar misioneros blancos" para cumplir con la gran comisión, ésta se vuelve realmente más imposible cada día. Sin embargo, gracias a Dios, el movimiento misionero indígena está creciendo y hoy está listo para completar la tarea.

El mensaje principal que tengo para cada creyente, pastor y líder misionero es que estamos presenciando un nuevo día en las misiones. Hace pocos años, nadie pensó que la iglesia asiática estaría lista para llevar la delantera. Sin embargo, los dedicados evangelistas nacionales están saliendo y alcanzando a sus propios pueblos.

Y más emocionante todavía: Dios nos está llamando a todos a ser parte de lo que Él está haciendo.

Podemos ayudar a que millones de pies amarillos y pardos puedan moverse con el Evangelio libertador de Jesús. Con la oración y el apoyo de los creyentes en todo el mundo, ellos pueden predicar la Palabra de Dios a las multitudes perdidas. Se necesita a toda la familia de Dios. Miles de misioneros nacionales alcanzarán a los perdidos si los cristianos en el occidente ayudan.

Para eso Dios me llamó al occidente. La única razón por la que estoy aquí es para ayudar a nuestros hermanos asiáticos trayendo sus necesidades ante el pueblo de Dios. Toda una generación entera de cristianos necesita saber que un cambio profundo en la tarea misionera está surgiendo. Los creyentes occidentales tienen que saber que se les necesita como "personas que envían" para orar y para ayudar a hermanos nacionales a ir.

Se han enturbiado las aguas de las misiones. Actualmente muchos cristianos no pueden pensar con claridad sobre los asuntos verdaderos porque Satanás ha enviado un espíritu de engaño para cegar sus ojos. No estoy hablando a la ligera. Satanás sabe que para detener la evangelización mundial debe confundir la mente de los cristianos occidentales y lo ha hecho con eficacia. Los hechos hablan por sí solos.

Un cristiano estadounidense promedio da solo 50 centavos de dólar por semana a las misiones mundiales.[1] Imagínese lo que eso significa. Las misiones constituyen la tarea principal de la iglesia, el mandamiento supremo que nos dio nuestro Señor antes de ascender. Jesús murió en la cruz para empezar un movimiento misionero. Vino a mostrar el amor de Dios y nosotros nos quedamos aquí para continuar con esa misión. Sin embargo, la tarea más importante de la iglesia recibe menos del uno por ciento de todas nuestras finanzas.

Recuerde que muchos de los misioneros occidentales que son enviados al extranjero, pueden no estar involucrados en las tareas principales de predicar el Evangelio y plantar iglesias.

Aproximadamente el 85 por ciento de todos los recursos financieros, se están usando por los misioneros occidentales en iglesias ya establecidas en el campo misionero y no en el evangelismo pionero para alcanzar a los perdidos.[2]

En consecuencia, gran parte de esos 50 centavos de dólar por semana que un cristiano estadounidense da a las misiones, en realidad se usa para proyectos y programas más que para proclamar el Evangelio de Cristo.

Pero hubo un cambio en las seis décadas pasadas. Al final de la Segunda Guerra Mundial, unos cuantos extranjeros blancos llevaban a cabo casi toda la obra de la gran comisión. Para estos líderes cristianos misioneros, era imposible imaginarse alcanzar a todos los miles de grupos culturales distintos en las colonias. Así que concentraron su atención en los principales grupos culturales en los centros de comercio y gobierno fáciles de alcanzar.

En la mayoría de las naciones asiáticas se había logrado aproximadamente 200 años de obra misionera, bajo la cuidadosa mirada de los gobernadores coloniales, cuando la era finalmente terminó en 1945. Durante ese período, los misioneros occidentales parecían ser una parte vital de la estructura del gobierno colonial occidental. Hasta algunas iglesias que se establecieron entre los grupos culturales dominantes parecían débiles. Como el gobierno y la economía local, las iglesias estaban directamente controladas por extranjero; unos pocos misioneros eran indígenas o independientes de las misiones occidentales. No era sorprendente que las multitudes evitaran estos centros raros de religión foránea, así como hoy la mayoría de los estadounidenses evitan a las "misiones de krishnas" o las "misiones islámicas" en el occidente.

En este ambiente, naturalmente se pospuso la idea de ir más allá de los principales grupos culturales, dejando la tarea sin terminar. Aquellas multitudes de personas en áreas rurales, subculturas étnicas, grupos tribales y minorías tendrían que esperar.

Enseñarles aún estaba demasiado lejos, a menos por supuesto, que se pudiera reclutar a más misioneros extranjeros blancos.

Pero esto no sucedió. Cuando los misioneros de la era colonial regresaron para tomar el control de "sus" iglesias, hospitales y escuelas, vieron que el clima político había cambiado radicalmente. Se encontraron con una nueva hostilidad de los gobiernos asiáticos. Algo radical había sucedido durante la Segunda Guerra Mundial. Los nacionalistas habían organizado todo y estaban sobre la marcha.

En poco tiempo la revolución política azotó a los países subdesarrollados. Con la independencia de una nación tras otra, los misioneros perdieron sus posiciones de poder y privilegio. Durante los 25 años después de la Segunda Guerra Mundial, 71 naciones se liberaron del dominio occidental. Y con su nueva libertad, la mayoría decidió que los misioneros occidentales estarían entre los primeros "símbolos" del occidente en desaparecer. Ahora 86 naciones, con más de la mitad de la población del mundo, prohíben y restringen seriamente el ingreso de misioneros extranjeros.[3]

Pero la historia tiene su lado bueno. El efecto de todo esto en las iglesias emergentes de Asia ha sido escalofriante. Lejos de atrasar el avance del Evangelio, la retirada de los misioneros extranjeros ha liberado al Evangelio de tradiciones occidentales que los mismos misioneros extranjeros habían añadido sin darse cuenta.

Sadhu Sundar Singh, un pionero evangelista misionero nacional, solía contar una historia que ilustra la importancia de presentar el Evangelio en términos culturalmente aceptables.

Cuenta que un hindú de casta alta se mareó en un día caluroso de verano, mientras estaba sentado en un tren en la estación del ferrocarril. Un empleado corrió hacia un grifo, llenó una taza con agua y la trajo para reanimar a este hombre. Sin embargo a pesar de su condición el hindú lo rechazó. Prefería morir antes que aceptar agua de una taza de alguien de otra casta.

Luego alguien se dio cuenta de que este pasajero de casta alta había dejado su taza en el asiento de al lado. Así que la tomó, la llenó con agua y regresó para ofrecérsela a la víctima acalorada sin aliento, quien inmediatamente aceptó el agua agradecido.

Luego Sundar Singh dijo a sus oyentes: "Esto es lo que he tratado de decirle a los misioneros extranjeros. Ustedes han ofrecido el agua de vida a la gente de la India en una taza extranjera y nosotros hemos tardado en recibirla. Si la ofrecieran en nuestra propia taza, en forma nativa, es mucho más probable que la aceptemos".

Actualmente, toda una nueva generación de líderes jóvenes indígenas dirigidos por el Espíritu está planeando estrategias para completar la evangelización de nuestras tierras asiáticas natales. En casi todos los países de Asia, conozco personalmente a misioneros locales que ganan con eficacia a su gente para Cristo usando métodos y estilos culturalmente aceptables.

A pesar de que la persecución de una manera u otra todavía existe en la mayoría de las naciones asiáticas, los gobiernos nacionales post-coloniales han garantizado una libertad casi ilimitada a los misioneros nacionales. La expansión de la iglesia no tiene que cesar sólo porque no se permiten occidentales.

Por alguna razón diabólica, la mayoría de los creyentes en nuestras iglesias no escucharon las noticias de este cambio impresionante. Mientras Dios por su Espíritu Santo ha estado levantando una gran cantidad de misioneros para llevar a cabo la obra de la gran comisión, la mayoría de los creyentes estadounidenses se han quedado sentados. He descubierto que esto no es porque los cristianos aquí no sean generosos. Cuando se les contó la necesidad respondieron con rapidez. No están involucrados sólo porque no saben la verdadera realidad de lo que está sucediendo en Asia el día de hoy.

Creo que estamos siendo llamados a involucrarnos en la oración y a compartir los recursos financieros en la gran tarea que nos queda por delante. Al hacer esto, quizás veremos juntos el cumplimiento de esa tremenda profecía en Apocalipsis 7:9-10.

> Después de esto miré, y he aquí una gran multitud, la cual nadie podía contar, de todas las naciones y tribus y pueblos y lenguas, que estaban delante del trono y en la presencia del Cordero, vestidos de ropas blancas, y con palmas en las manos; y clamaban a gran voz, diciendo: La salvación pertenece a nuestro Dios que está sentado en el trono, y al Cordero.

Esta profecía está a punto de ser realidad. Ahora, por primera vez en la historia, podemos ver el empuje final llevándose a cabo mientras el pueblo de Dios en todas partes se une para hacerlo posible.

Lo que debería intrigarnos, especialmente aquí en el occidente, es la manera en que el movimiento misionero indígena está prosperando sin la ayuda, ni el ingenio de nuestra planificación occidental. Cuando le damos libertad al Espíritu Santo para obrar, este impulsa el crecimiento y la expansión espontánea. Hasta que no reconozcamos al movimiento misionero indígena como el plan de Dios para este tiempo de la historia, y hasta que no estemos dispuestos a servirle en lo que Él está haciendo, corremos el peligro de frustrar la voluntad de Dios.

Dieciocho

Una visión global

¿Deberían retirar a todos los misioneros occidentales de Asia para siempre? Por supuesto que no. Dios con su soberanía aún llama a los misioneros occidentales para hacer tareas únicas y especiales en Asia, como lo hace en otros lugares. Pero debemos entender que cuando se trata de naciones en las que los misioneros occidentales ya no pueden plantar iglesias como se permitía en otra época, la prioridad entonces debe ser apoyar los esfuerzos de las obras misioneras indígenas a través de la ayuda financiera y la oración intercesora.

Con toda gentileza debo decirles a los estadounidenses que el prejuicio antiamericano se está fortaleciendo en gran parte de Asia. De hecho, escribo esta sección con gran temor y temblor, pero debemos decir estas verdades si queremos llevar a cabo la voluntad de Dios en los campos de las misiones asiáticas de hoy.

Dennis E. Clark escribe en *The Third World and Mission* (El tercer mundo y las misiones): "Hay veces en la historia donde no importa cuán dotada sea una persona; ya no puede proclamar efectivamente el Evangelio a otras culturas. Un alemán no podría haberlo hecho en Gran Bretaña en 1941, ni tampoco un indio en Pakistán durante la guerra de 1967, y será extremadamente difícil para los estadounidenses hacerlo en los países del tercer mundo entre los años ochenta y noventa".[1] Esto es aún más cierto hoy, ya que la situación empeoró.

Por la causa de Cristo, porque su amor nos constriñe, necesitamos reajustar las políticas financieras y misioneras de nuestras iglesias y agencias misioneras estadounidenses. Cada creyente debería reconsiderar sus prácticas administrativas y someterse a la guía del Espíritu Santo para ver cuál es la mejor manera de apoyar el alcance global de la iglesia.

No digo que se terminen los programas denominacionales misioneros o que se cierren las tantas misiones aquí en Norteamérica, sino que se reconsideren las políticas y las prácticas misioneras que nos han guiado en los últimos 200 años. Es hora de hacer algunos cambios básicos y de lanzar el movimiento misionero más grande de la historia, uno que ayude, principalmente, a enviar evangelistas misioneros nacionales, en vez de occidentales.

Este es el principio que sostengo: creemos que la manera más efectiva de ganar a Asia para Cristo es a través de la oración y del apoyo financiero para la fuerza misionera indígena que Dios está levantando en los países subdesarrollados con la mayor concentración de población mundial. Como regla general, creo que es más sabio apoyar a misioneros nacionales en sus propias tierras que enviar a misioneros occidentales. Estas son las razones:

1: Es sabia la administración. Según Bob Granholm, ex director ejecutivo de *Frontiers in Canada* (Fronteras en Canadá), apoyar a un misionero en el campo misionero tiene un costo de $25.000 a $30.000 por año, y hoy ese número excede a $40.000. Sin embargo, a pesar de que estos números puedan ser verdad para ministerios como *Frontiers in Canada*, *Operation Mobilization* (Operación Movilización), *Youth With A Mision* (Juventud con una Misión) y otras más en mi investigación sobre las agencias más tradicionales, el costo puede ser mucho mayor. Una organización misionera estima un costo de alrededor $80.000 por año para mantener una pareja misionera en la India.[2] Con un moderado índice de inflación del tres por ciento, en menos de 10 años, el costo excedería los $100.000.

Durante una sesión sobre evangelismo mundial en los años noventa, los líderes misioneros occidentales pidieron 200.000 misioneros nuevos para el año 2000, para ajustarse al ritmo del crecimiento estimado de la población. Aún el costo de la más modesta fuerza misionera sería de unos impresionantes $20.000 millones por año. Cuando nos damos cuenta de que en el año 2000 los cristianos norteamericanos contribuyeron solo con $5.500 millones para las misiones,[3] nos vemos frente a un esfuerzo para levantar fondos astronómico. Tiene que haber una alternativa.

En la India, por sólo el costo de llevar en avión a un estadounidense de Nueva York a Mumbai (Bombay), ¡un misionero nacional que ya en el campo misionero puede ministrar por meses! Si no tenemos en cuenta estos hechos, perderemos la oportunidad en nuestra era de alcanzar a incalculables millones con el Evangelio. Hoy en día, es escandalosamente extravagante enviar a un estadounidense a las misiones en el exterior a menos que haya razones convincentes para hacerlo. Desde el punto de vista estrictamente financiero, enviar a misioneros estadounidenses más allá de las fronteras es una de las inversiones más cuestionables que podemos hacer.

2: En muchos casos la presencia de misioneros occidentales perpetúa el mito de que el cristianismo es la religión del occidente. Bob Granholm dice: "A pesar de que la internacionalización presente del esfuerzo misionero es un suceso alentador, es más sabio no tener un rostro occidental esforzándose en la extensión del reino".

Roland Allen lo expresa mejor que yo en su memorable libro *The Spontaneous Expansion of the Church* (La expansión espontánea de la iglesia):

Aunque los recursos humanos y financieros provenientes de fuentes occidentales fueran ilimitados, y pudiéramos cubrir el mundo entero con un ejército de millones de misioneros extranjeros, y establecer vigorosamente estaciones en todo el mundo; el método revelaría rápidamente su debilidad, como ya está sucediendo.

El simple hecho de que el cristianismo fuese difundido por tal ejército, establecido en estaciones extranjeras en todo el mundo, distanciaría inevitablemente las poblaciones nativas, que verían el crecimiento de la denominación de un pueblo extranjero. Verían que se quedan sin su independencia religiosa y temerían aún más por la pérdida de su independencia social.

Los extranjeros nunca pueden dirigir con éxito la propagación de una fe en un país entero. Si la fe no se vuelve naturalizada y se expande entre la gente por su propio poder vital, ejercita una influencia alarmante y odiosa, y los hombres la temen y la rechazan como algo extraño. Entonces es obvio que ninguna política misionera responsable puede estar basada en la multiplicación de misioneros y de estaciones misioneras. Miles no serían suficientes y una docena sería demasiado.[4]

Un amigo mío que dirige una organización misionera similar a la nuestra me contó recientemente la historia de una conversación que tuvo con algunos líderes de iglesias africanas.

"Queremos evangelizar a nuestra gente", dijeron, "pero no lo podemos hacer mientras se queden los misioneros blancos. Nuestra gente no nos quiere escuchar. Los comunistas y los musulmanes les dicen que todos los misioneros blancos son espías enviados por los gobiernos como agentes de los imperialistas capitalistas. Sabemos que no es verdad, pero las noticias en los periódicos hablan de cómo algunos misioneros obtienen fondos de la CIA. Amamos en el Señor a los misioneros estadounidenses. Desearíamos que se pudieran quedar, pero nuestra única esperanza de poder evangelizar a nuestro propio país es que todos los misioneros blancos se vayan".

Nuestras propias denominaciones y misiones aún hoy desperdician incontables millones de dólares al levantar y proteger esquemas organizativos elaborados para el extranjero. Hubo momentos en los que los misioneros occidentales tenían que ir a estos países en los que no se predicaba el Evangelio. Pero ahora una nueva era ha comenzado, y es importante que la reconozcamos oficialmente. Dios ha levantado líderes indígenas que son más capaces para completar la tarea que los extranjeros.

Ahora debemos mandar una ración mayor de nuestros fondos a los misioneros nacionales y a los movimientos de crecimiento de iglesias. Pero esto no significa que no apreciamos el legado que nos dejaron los misioneros occidentales. A pesar de que creo que deben cambiarse nuestros métodos misioneros, le agradecemos a Dios por la tremenda contribución que los misioneros occidentales han hecho en muchos países subdesarrollados, en donde no se había predicado de Cristo antes. A través de su fidelidad, se ganaron muchos para Cristo, se abrieron iglesias y se tradujeron las Escrituras. Sus discípulos son los misioneros nacionales de hoy.

Silas Fox, un canadiense que sirvió en el sur de la India, aprendió a hablar el idioma local nativo, el telugú, y predicó la Palabra con tanta unción que cientos de los que hoy son líderes cristianos en Andhra Pradesh pueden trazar sus comienzos espirituales en su ministerio.

Le agradezco a Dios por misioneros como Hudson Taylor, quien contra todos los deseos de su junta misionera fuera del país adoptó el estilo de vida chino y ganó a muchos para Cristo. Yo no soy digno de quitarles el polvo de los pies a estos miles de hombres y mujeres fieles de nuestro Señor, que fueron más allá de la frontera en tiempos como esos.

Jesús dio el ejemplo para la obra misionera indígena. "Como me envió el Padre", dijo, "así también yo os envío" (Juan 20:21). El Señor se hizo uno de nosotros para ganarnos para el amor de Dios. Él sabía que no podía ser un extraterrestre de otro planeta así que se encarnó en un cuerpo como el nuestro.

Para que cualquier misionero sea exitoso debe identificarse con la gente que quiere alcanzar. Los occidentales son ineficaces porque usualmente no pueden hacer esto. Cualquier persona, asiática o estadounidense, que insiste en salir en representación de las misiones y las organizaciones occidentales van a ser ineficaz hoy en día. No podemos mantener un estilo de vida o una perspectiva occidental y trabajar entre los pobres de Asia.

3: *Los misioneros occidentales, y el dinero que traen, compromete el crecimiento y la independencia natural de la iglesia nacional.* El poder económico de la moneda occidental distorsiona la imagen ya que los misioneros occidentales contratan a líderes nacionales claves para dirigir sus organizaciones.

Una vez me reuní con un misionero ejecutivo de una de las denominaciones más importantes de los Estados Unidos. Es un hombre amoroso al que realmente respeto como hermano en Cristo, pero dirige una extensión de su denominación al estilo colonial en Asia.

Hablamos de los amigos en común y del crecimiento asombroso que se está llevando a cabo en las iglesias nacionales de la India. Compartimos mucho en el Señor. En seguida me di cuenta de que él respetaba tanto como yo a los hermanos indios que Dios está eligiendo usar en la India hoy. Sin embargo, él no apoyaría a estos hombres que estaban tan ungidos por Dios.

Le pregunté por qué. Su denominación gasta millones de dólares anuales para abrir sus iglesias en Asia, dinero que creo que sería mejor aprovechado si se apoyara a misioneros indígenas en iglesias que el Espíritu Santo está originando de forma espontánea.

Su respuesta me impactó y me entristeció.

"Nuestra política, admitió sin avergonzarse, "es usar a los nacionales sólo para expandir iglesias con nuestras características denominacionales".

Sus palabras daban vueltas en mi cabeza, "usar a los nacionales". De esto se trata el colonialismo, y también el neocolonialismo en la mayoría de las misiones occidentales. Con su dinero y tecnología, muchas organizaciones simplemente compran a la gente para que sus denominaciones extranjeras, sus modos y sus creencias se perpetúen.

En Tailandia, una poderosa organización paraeclesiásitica estadounidense "compró" a un grupo de misioneros indígenas. Una vez que ganaban con eficacia a su propia gente para Cristo y plantaban iglesias con costumbres tailandesas, se les daban becas a los líderes para capacitarse en los Estados Unidos. La organización estadounidense les proveía una cuenta para gastos, vehículos y oficinas lujosas en Bangkok.

¿Qué precio pagaron los líderes misioneros indígenas? Debían usar literatura extranjera, películas y el método habitual de estas organizaciones estadounidenses altamente tecnológicas. No se considera qué tan efectivos serán estos métodos y herramientas para edificar la iglesia tailandesa. Se usarán, sean efectivos o no, porque están escritos en los manuales de capacitación de esta organización.

Después de todo, el razonamiento de este grupo es: estos programas funcionaron en Los Ángeles y Dallas, ¡deben funcionar en Tailandia también!

Esta forma de pensamiento es la peor del neocolonialismo. Usar el dinero que Dios proveyó para contratar gente para perpetuar nuestras formas y teorías es un método moderno del antiguo imperialismo. Ningún método pudiera ser más anti-bíblico.

Lo triste es esto: Dios por Su Espíritu Santo ya estaba haciendo una obra maravillosa en Tailandia en una forma culturalmente aceptable. ¿Por qué este grupo estadounidense no tuvo la humildad de rendirse ante el Espíritu Santo y decir: "Hazlo a tu manera, Señor"? Si querían ayudar, creo que la mejor manera hubiese sido apoyando lo que Dios ya estaba haciendo por medio de su Espíritu Santo. Para cuando este grupo descubra el error que ha cometido, los misioneros que echaron a perder la iglesia local regresarán con permiso a casa, y probablemente nunca volverán.

En sus reuniones en las iglesias contarán las victorias en Tailandia y de cómo evangelizaron al estilo estadounidense; pero nadie haría la pregunta más importante: "¿Dónde está el fruto que permanece?"

Frecuentemente nos preocupamos tanto en expandir nuestras propias organizaciones, que no comprendemos el gran alcance del Espíritu Santo de Dios, a medida que Él se mueve por los pueblos del mundo. En el intento de edificar "nuestras" iglesias, hemos fallado en ver cómo Cristo está edificando "Su" iglesia en cada nación. Debemos dejar de ver al mundo perdido a través de los ojos de nuestra denominación. Entonces podremos ganar a las almas perdidas para Jesús, en vez de tratar de agregar más números para nuestras organizaciones, hechas por hombres, para complacer a las oficinas centrales que controlan los fondos.

4: *Los misioneros occidentales no pueden ir con facilidad a los países en donde vive la supuesta "gente oculta".* Hoy en día existen más de 2.000 millones de personas como éstas en el mundo. Millones tras millones de almas perdidas nunca han oído el Evangelio. Escuchamos muchos clamores pidiendo que vayamos, pero ¿quién irá? Casi toda la gente oculta vive en países cerrados o severamente restringidos para los misioneros estadounidenses y europeos.

De más de 135.000 misioneros estadounidenses que laboran activamente, menos de 10.000 están trabajando entre pueblos totalmente no alcanzados.[5] La gran mayoría trabaja en iglesias que ya existen o en donde el Evangelio ya se predica.

Ahora, mientras que más de un tercio de los países del mundo hoy prohíben al misionero occidental, el misionero nacional puede ir al grupo de gente oculta más cercano. Por ejemplo, un nepalés puede ir a Malasia con el Evangelio con más facilidad que cualquiera del occidente.

5: Pocas veces los misioneros occidentales son eficaces en la actualidad en alcanzar a los asiáticos y en establecer iglesias locales en las aldeas de Asia. A diferencia del misionero occidental, el misionero nacional puede predicar, enseñar y evangelizar sin ser obstaculizado por la mayoría de las barreras que enfrentan los occidentales. Como nativo del país o de la región, conoce instintivamente los tabúes culturales. Frecuentemente, ya domina el idioma o un dialecto relacionado. Se mueve libremente y lo aceptan en buenos y malos momentos, como uno de ellos. No tiene que ser transportado miles de kilómetros, tampoco requiere una capacitación especial, ni aprender el idioma.

Recuerdo uno de muchos incidentes que ilustra esta triste realidad. Durante los días que predicaba en el sudoeste de la India, conocí a una misionera de Nueva Zelanda que había estado involucrada en el ministerio cristiano de la India por 25 años. Durante su último período, la asignaron a una librería cristiana. Un día cuando mi equipo y yo fuimos a su tienda a comprar algunos libros, encontramos la librería cerrada. Cuando fuimos a su residencia misionera, que quedaba en una mansión amurallada, le preguntamos qué pasaba. Ella contestó: "Me vuelvo a mi hogar para siempre".

Le pregunté qué pasaría con el ministerio de la librería. Ella contestó: "Vendí todos los libros a bajo costo, y cerré todo".

Con gran dolor, le pregunté si podría transferir la tienda a alguien para continuar con el trabajo.

"No, no pude encontrar a nadie", contestó. Me preguntaba por qué, después de 25 años de estar en la India, se estaba yendo sin tener una persona que haya ganado para Cristo, ningún discípulo, que continuara su trabajo. Ella, junto con sus compañeros misioneros, vivían en complejos amurallados con tres o cuatro sirvientes cada uno para atenderlos según su estilo de vida. Pasó toda una vida y gastó incalculables sumas del precioso dinero de Dios, que podrían haber sido usados para predicar el Evangelio.

Yo no podía evitar el pensar que Jesús nos había llamado para ser siervos, no amos ni dueños. Si ella lo hubiese hecho, habría llevado a cabo el llamado de Dios en su vida y cumplido con la gran comisión.

Desafortunadamente, esta triste verdad se repite en todo el mundo en las misiones extranjeras de tipo colonial. Lamentablemente, pocas veces, las misiones tradicionales son hechas responsables por la falta de resultados actuales; tampoco informan sobre sus fracasos en el occidente.

Al mismo tiempo, los evangelistas nacionales están viendo a miles venir a Cristo en movimientos de avivamiento en cada continente. ¡En países subdesarrollados, los misioneros nacionales están formando cientos de nuevas iglesias cada semana!

Diecinueve

La tarea principal de la iglesia

Es obvio que Dios se está moviendo con poder entre los creyentes nacionales. Estos son los maravillosos días finales de la historia cristiana. Ahora es el tiempo para que toda la familia de Dios se una y comparta unos con otros como lo hacía la iglesia del Nuevo Testamento, las iglesias más ricas dándoles a las más pobres.

El cuerpo de Cristo en Asia está mirando a los cristianos de otras tierras, para unir esfuerzos en este tiempo de cosecha y para apoyar la obra con las bendiciones materiales que Dios les ha derramado. Con el amor y el apoyo de los creyentes en todo el mundo, podemos ayudar a los evangelistas nacionales y a sus familias a avanzar y completar la tarea de la evangelización del mundo en este siglo.

Cuando me siento en las plataformas y me paro en los púlpitos por todas partes de Norteamérica, Europa, Australia, Nueva Zelanda y Corea, hablo en nombre de los hermanos nacionales. Dios me ha llamado para ser siervo de los hermanos necesitados que no pueden hablar por ellos mismos.

Mientras espero para hablar, miro las congregaciones, y frecuentemente oro por algunos de los misioneros por sus nombres. Usualmente oro de esta forma: "Señor Jesús, estoy a punto de pararme aquí esta noche en nombre de Thomas John y P.T. Steven. Espero representarlos fielmente. Ayúdanos a suplir sus necesidades a través de esta reunión".

Por supuesto que los nombres de los misioneros nacionales cambian en cada ocasión. Pero creo que la voluntad de Dios no se llevará a cabo en nuestra generación a menos que esta audiencia y muchas otras como ésta respondan al clamor de los perdidos. Cada uno de nosotros debe seguir al Señor en el lugar al que lo ha llamado: el evangelista nacional en su tierra y los patrocinadores en sus tierras. Algunos obedecen yendo. Otros obedecen apoyando. Aún si usted no puede ir a Asia, puede llevar a cabo la gran comisión ayudando a enviar a los hermanos nacionales a los campos misioneros pioneros.

Esta y muchas otras verdades similares acerca de las misiones ya no se entienden en el occidente. Se ha dejado de predicar y enseñar sobre las misiones en la mayoría de nuestras iglesias. El triste resultado se ve en todos lados. La mayoría de los creyentes ya no pueden definir qué es un misionero, qué es lo que hace o cuál es el trabajo de la iglesia en relación a la gran comisión.

El desinterés por las misiones es una señal certera de que la iglesia y las personas han dejado su primer amor. No hay nada más indicativo de la decadencia moral del occidente que los cristianos que han perdido la pasión de Cristo por un mundo perdido y moribundo.

Cuanto más pasan los años, más entiendo la razón verdadera por la que millones van al infierno sin escuchar el Evangelio.

En realidad, este no es un problema de las misiones. Como dije antes, es un problema teológico, un problema de confusión e incredulidad. Muchas iglesias han disminuido tanto la enseñanza bíblica que los cristianos no pueden explicar por qué el Señor nos dejó aquí en la tierra.

Todos hemos sido llamados con un propósito. Hace algunos años cuando estaba en el norte de la India, un niño pequeño de aproximadamente unos ocho años de edad me observaba mientras yo me preparaba para mi meditación matutina. Comencé a hablarle de Jesús y le hice varias preguntas.

"¿Qué haces? Le pregunté al muchacho.
"Voy a la escuela", fue su respuesta.
"¿Por qué vas a la escuela?"
"Para estudiar", dijo.
"¿Por qué estudias?"
"Para ser inteligente".
"¿Por qué quieres ser inteligente?"
"Para obtener un buen empleo".
"¿Por qué quieres obtener un buen empleo?"
"Para hacer mucho dinero".
"¿Por qué quieres hacer mucho dinero?"
"Para comprar comida".
"¿Por qué quieres comprar comida?"
"Para poder comer".
"¿Por qué quieres comer?"
"Para vivir".
"¿Por qué vives?"

En ese punto, el niño pensó un minuto, se rascó la cabeza, me miró a los ojos y dijo: "Señor, ¿por qué vivo?" Se detuvo pensativo por un momento y luego me respondió con tristeza: "¡Para morir!"

La pregunta es la misma para todos nosotros: ¿Por qué vives?

¿Cuál es el propósito básico de tu vida en este mundo, al proclamarte como discípulo del Señor Jesucristo? ¿Acumular bienes? ¿Fama? ¿Popularidad? ¿Complacer los deseos de la carne y la mente? ¿Y sobrevivir de alguna manera y, al final, morir con la esperanza de ir al cielo?

No. El propósito de tu vida como creyente debe ser obedecer a Jesús cuando dijo: "Id por todo el mundo y predicar el evangelio..." Esto es lo que Pablo hizo cuando bajó sus brazos y dijo: "Señor, ¿qué quieres que haga?"

Si todas tus preocupaciones son sobre tu propia vida, tu empleo, tu ropa, ropa buena para tus hijos, cuerpos saludables, una buena educación, un buen empleo y un buen matrimonio; entonces tus preocupaciones no son muy diferentes a las de alguien que está perdido en Bután, Myanmar o en la India.

En meses recientes he mirado atrás a esos siete años de evangelismo en las aldeas, y los considero como una de las mejores experiencias de aprendizaje de mi vida. Caminamos los pasos de Jesús, personificándolo y representándolo ante multitudes que nunca antes habían escuchado el Evangelio.

Cuando Jesús estaba aquí en la tierra, Su meta era exclusivamente cumplir la voluntad de Su Padre. Nuestro compromiso debe ser sólo Su voluntad. Jesús ya no camina en la tierra. Nosotros somos Su cuerpo, Él es nuestra cabeza. Eso significa que nuestros labios son los de Jesús. Nuestras manos son Sus manos. Nuestros ojos Sus ojos. Nuestra esperanza, Su esperanza. Mi esposa y mis hijos pertenecen a Jesús. Mi dinero, mi talento, mi educación: todo le pertenece a Jesús.

Entonces, ¿cuál es Su voluntad? ¿Qué debemos hacer en este mundo con todos estos dones que Él nos ha dado?

"Como mi Padre me ha enviado, así los envío", son Sus instrucciones. "Por tanto, id, y haced discípulos a todas las naciones, bautizándolos en el nombre del Padre, y del Hijo, y del Espíritu Santo; enseñándoles que guarden todas las cosas que os he mandado; y he aquí yo estoy con vosotros todos los días, hasta el fin del mundo" (Juan 20:21; Mateo 28:19-20).

Todos los cristianos deberían saber las respuestas a estas tres preguntas básicas sobre las misiones, para llevar a cabo el llamado de nuestro Señor de alcanzar a los perdidos del mundo en Su nombre.

1: ¿Cuál es la tarea principal de la iglesia? Cada uno de los cuatro Evangelios (Mateo, Marcos, Lucas y Juan) nos da un mandato de nuestro Señor Jesús, la declaración de la misión de la iglesia, conocida como la gran comisión. Ver Mateo 28:18-20; Marcos 16:15-16; Lucas 24:47; y Juan 20:21.

La gran comisión revela la razón por la cual Dios nos ha dejado aquí en este mundo, la actividad principal de la iglesia hasta que Jesús vuelva como el Rey de reyes para unirnos a Él. Él desea que nosotros vayamos a todas partes proclamando el amor de Dios a un mundo perdido. Para ejecutar Su autoridad y demostrar Su poder debemos predicar el Evangelio, hacer discípulos, bautizar y enseñarle a la gente a obedecer los mandamientos de Cristo.

Esta tarea incluye más que repartir panfletos, tener reuniones en las calles o mostrar amor compasivo al enfermo y al hambriento, aunque esto sea parte. Pero el Señor quiere que continuemos como Sus agentes para redimir y transformar la vida de las personas. El hacer discípulos, como Jesús lo definió, obviamente incluye el largo proceso de la plantación de congregaciones locales.

Hay que darse cuenta de que también que las referencias a la gran comisión están acompañadas de promesas del poder divino. La expansión global de la iglesia es obviamente una tarea para gente especial que vive íntimamente con Dios lo suficiente para discernir y ejecutar Su autoridad.

2: ¿Quién es un misionero? Un misionero es cualquier persona enviada por el Señor para establecer un nuevo testimonio cristiano en donde aún no se conoce. La definición tradicional de la actividad misionera usualmente incluye dejar nuestra cultura inmediata por otra, llevando el Evangelio a personas que difieren al menos en un aspecto de nuestro propio grupo étnico (como el idioma, la nacionalidad, la raza o la tribu).

Por alguna razón, muchos occidentales creen que un misionero es solamente alguien del occidente que va a Asia, África o a alguna otra tierra extranjera. No es así. Cuando un ex hindú brahmán cruza las líneas sutiles en la India y trabaja entre la gente de casta baja, debería ser reconocido como un misionero así como una persona que va de Detroit (E.E.U.U) a Calcuta (India).

Los cristianos en el occidente deben dejar la idea totalmente anti-bíblica de que ellos deben apoyar sólo a misioneros blancos de los Estados Unidos. Hoy en día es esencial que apoyemos a misioneros yendo del sur de la India al norte de la India, de una isla de las Filipinas a otra, o de Corea a China.

A menos que abandonemos el racismo sutil en nuestra definición verbal de un misionero, nunca veremos al mundo alcanzado para Cristo. A pesar de que los gobiernos pueden cerrar las fronteras de sus países a los misioneros occidentales, no las pueden cerrar a su propia gente. El Señor está levantando una gran cantidad de misioneros nacionales ahora mismo, pero no pueden ir a menos que los norteamericanos continúen apoyando la obra como lo hicieron cuando se les permitía ir a los occidentales.

3: *¿Dónde está el campo misionero?* Uno de los errores más grandes que cometemos es definir a los campos misioneros en términos de naciones. Estos son sólo límites políticos establecidos entre líneas arbitrarias, por las guerras o por límites naturales, como cordilleras y ríos.

Una definición más bíblica se ajusta a agrupaciones lingüísticas y tribales. Por lo tanto, un campo misionero se define como cualquier grupo cultural que no tenga un grupo de discípulos establecido. Los árabes en la ciudad de Nueva York, por ejemplo, o la gente en la tribu india de Hopi en Dallas son grupos no alcanzados en los Estados Unidos. Más de 10.000 grupos de estas personas "ocultas" en todo el mundo representan el verdadero campo misionero pionero de nuestros tiempos.[1]

Ellos serán alcanzados sólo si alguien de otra cultura está dispuesto a sacrificar su agradable comunidad para alcanzarlos con el Evangelio de Cristo. Y para ir y hacerlo, esa persona necesita creyentes de sus lugares nativos que lo respalden con oración y finanzas. El movimiento misionero indígena en Asia puede enviar con mayor facilidad a evangelistas, debido a que están más cerca de la mayoría de los pueblos no alcanzados. Pero no siempre pueden levantar el apoyo necesitado entre sus poblaciones carentes. Aquí es donde los cristianos en el occidente pueden ayudar, compartiendo su abundancia con los siervos de Dios en Asia.

El misionero estadista, George Verwer cree que la mayoría de los creyentes norteamericanos todavía "juegan a ser soldados". Pero también cree, como lo creo yo, que en los Estados Unidos y otras naciones occidentales, individuos y grupos quieren levantar al gigante dormido, para apoyar a los misioneros que se necesitan para la evangelización de Asia. No deberíamos descansar hasta no terminar la tarea.

Quizás usted nunca reciba el llamado de alcanzar a los pueblos ocultos de Asia, pero con su dedicado compromiso, puede hacer posible que millones escuchen el Evangelio más allá de la frontera.

Hoy insto a los cristianos a que dejen su cristianismo viejo y usen las armas de guerra espiritual y avancen contra el enemigo. Debemos dejar de saltar los versículos que dicen: "Si alguno quiere venir en pos de mí, niéguese a sí mismo, y tome su cruz, y sígame", y "así, pues, cualquiera de vosotros que no renuncia a todo lo que posee, no puede ser mi discípulo" (Mateo 16:24; Lucas 14:33).

¿Fueron estos versículos escritos sólo para los misioneros nacionales que están en las líneas frontales siendo apedreados, golpeados y pasando hambre a causa de su fe? ¿O fueron escritos sólo para que los creyentes estadounidenses vayan cómodamente a las actividades de la iglesia, las conferencias y los conciertos?

Por supuesto que no. Estos versículos se aplican de la misma manera para los cristianos en Bangkok, Boston y Bombay.

Verwer dice:

> Algunas revistas y libros sobre misiones dan la impresión de que la evangelización mundial es sólo una cuestión de tiempo. Investigaciones más profundas mostrarán que en áreas de mucha

población, la obra evangelística está retrocediendo más que avanzando.

En vista de esto, nuestras tácticas son simplemente equivocadas. Quizás el 80 por ciento de nuestros esfuerzos por Cristo, muchas veces débiles, aún apuntan sólo al 20 por ciento de la población del mundo. Se dedican literalmente cientos de millones de dólares en cada proyecto cristiano local, especialmente en construcciones, mientras que solo una escasa parte va a las regiones más allá. Los santos poco comprometidos creen que por dar unos cuantos cientos dólares ya han hecho su parte. Por tanto tiempo nos hemos comparado con la persona que tenemos al lado, que apenas podemos ver el estándar que dejaron hombres como Pablo o Jesús mismo.

Durante la Segunda Guerra Mundial, los británicos se mostraron capaces de hacer sacrificios increíbles (como lo hicieron tantas otras naciones). Vivían con raciones escasas. Cortaban sus rejas y las enviaban para fabricar armas. Aún hoy, en lo que es verdaderamente una Guerra Mundial (espiritual), los cristianos viven como soldados en tiempos de paz. Mire las órdenes de Pablo a Timoteo en 2 Timoteo 2:3-4: "Tú, pues, sufre penalidades como buen soldado de Jesucristo. Ninguno que milita se enreda en los negocios de la vida, a fin de agradar a aquel que lo tomó por soldado". Parece que tenemos una idea extraña de lo que es el servicio cristiano. Compramos libros, viajamos kilómetros para escuchar a un orador hablar sobre bendiciones, pagamos altas sumas de dinero para escuchar la última canción cristiana, pero nos olvidamos de que somos soldados.[2]

Día tras día sigo con este único mensaje: los misioneros nacionales pasan hambre, sufren y esperan ir a la siguiente aldea con el Evangelio, pero necesitan de su oración y apoyo financiero. Estamos enfrentando un nuevo día en las misiones, pero requiere de la colaboración de los cristianos, tanto del oriente como del occidente.

Veinte

"Señor, ayúdanos a permanecer fieles a ti"

Sí. Hoy Dios está obrando en forma milagrosa. Cada vez hay más creyentes que están entendiendo la visión de la tercera corriente en las misiones de Dios, sin todas las trampas de la promoción. Ya hemos visto a miles de individuos levantarse para ser parte de la obra. Pero creo que esto es sólo un anticipo de los millones que responderán en los días venideros. Muchos pastores, líderes de iglesias, antiguos misioneros y emisoras cristianas en el occidente también están dando su apoyo desinteresado.

Además de estos patrocinadores y donantes, hay voluntarios que coordinan esfuerzos a nivel local. Esta red de obreros locales está haciendo una contribución tremenda en llevar a cabo la gran comisión. Representan a *Gospel for Asia* en conferencias, y distribuyen literatura a amigos. Muestran videos de *Gospel for Asia* y comparten en las iglesias, las escuelas dominicales, los estudios bíblicos en hogares, las reuniones de oración y otros tipos de reuniones cristianas, lo que el Señor está haciendo a través de los misioneros nacionales. Al reclutar a más personas que envían, multiplican lo que hubieran podido hacer por su propia cuenta.

Nunca me voy a olvidar de una viuda jubilada que conocí en una gira de conferencias. Estaba emocionada por lo que todavía podía hacer a pesar de que no trabajaba: prometió patrocinar a un misionero con su modesta jubilación.

Después de seis meses recibí una carta muy triste de ella. "Hermano K.P.", escribió, "soy muy privilegiada al poder apoyar a un misionero. Ahora vivo sola y tengo un ingreso fijo único. Sé que cuando vaya al cielo voy a encontrarme con gente que ha conocido a Cristo a través de mi donativo, pero debo reducir mi ayuda porque las cuentas de los servicios han subido. Por favor oren por mí para que encuentre la manera de dar mi apoyo completo de nuevo".

Cuando mi esposa Gisela me mostró la carta, me conmovió profundamente. Llamé a la mujer y le dije que no tenía que sentirse culpable, que estaba haciendo todo lo que podía. Hasta le recomendé que dejara de dar su apoyo si la situación empeoraba.

A las dos semanas llegó otra carta. Escribió: "He estado orando todos los días para encontrar la manera de tener más dinero para mi misionero. Y mientras oraba el Señor me mostró una forma: desconectar mi teléfono".

Miré el cheque. Se me llenaron los ojos de lágrimas pensando cuánto estaba sacrificando esta mujer. Debe sentirse sola, pensé. ¿Qué pasaría si se enferma? Sin teléfono, se aislaría del mundo. "Señor", oré con el cheque en mis manos, "ayúdanos a que permanezcamos fieles a ti y a honrar este gran sacrificio".

Otro donativo, esta vez de un muchacho de 13 años de edad llamado Tommy, muestra el mismo espíritu de sacrificio. Por más de un año, Tommy había estado ahorrando para una bicicleta nueva para ir a la escuela. Luego escuchó el valor de las bicicletas para los misioneros nacionales como Mohan Ram y su esposa del estado de Tamil Nadu. Desde 1977, Mohan estuvo caminando bajo el sol abrasador entre las aldeas, comprometido con su esposa en hacer discípulos a través de clases bíblicas, evangelismo al aire libre, distribución de tratados, ministerio con los niños y traducción de la Biblia. Él y su esposa vivían en una casa alquilada de una habitación y tenían que caminar kilómetros o tomar autobuses para hacer el trabajo de evangelismo.

Una bicicleta significaría más para él de lo que significaría un auto en los suburbios de los Estados Unidos.

Pero una bicicleta nueva, que costaría sólo $105, estaba totalmente fuera del alcance de su presupuesto familiar. Cuando vine a los Estados Unidos me sorprendió que las bicicletas aquí se consideren juguetes para los niños o una manera de bajar peso. Para los misioneros nacionales representan una forma de expandir enormemente el ministerio y reducir el sufrimiento.

Cuando Tommy escuchó que los misioneros nacionales usan sus bicicletas para andar de 27 a 32 kilómetros por día, tomó una gran decisión. Decidió darle a *Gospel for Asia* el dinero de la bicicleta que había ahorrado.

"Puedo usar la bicicleta vieja de mi hermano", escribió. "Mi papá me dio permiso para enviarles el dinero destinado a mi nueva bicicleta, para un misionero nacional".

Algunas personas encuentran maneras inusuales de dar un apoyo extra para un misionero nacional. Un empleado de una fábrica pasa por todos los contenedores de basura recolectando el aluminio de las bebidas en lata. Cada mes recibimos un cheque de él, que por lo general es suficiente para patrocinar a dos o más misioneros.

Un pastor, que tiene una congregación en el sudoeste de más de 12.000 personas, apoya personalmente a varios misioneros nacionales. Como otros pastores, él ha ido al extranjero para aprender sobre la obra de los misioneros nacionales. Además del apoyo mensual de su congregación, ha pedido al personal de *Gospel for Asia* que haga varias presentaciones a la iglesia. Como resultado, varios cientos de familias también han patrocinado. A través de su influencia, varios pastores más también han empezado a incluir a *Gospel for Asia* en sus presupuestos misioneros habituales.

Una muchacha, cuyos padres han servido en la India por 30 años, dijo: "Siempre me pregunté por qué mis padres no veían a la gente venir a Jesús a través de su obra. Ahora me alegro de poder patrocinar a un misionero nacional que es fructífero".

Algunas otras organizaciones cristianas en los Estados Unidos han dado su apoyo para la obra de *Gospel for Asia* de maneras únicas. Por ejemplo, fuimos invitados a participar en el "Keith Green Memorial Concert Tour" (Gira de conciertos en memoria de Keith Green) como representantes oficiales de las misiones en los países subdesarrollados.

Uno de los amigos más queridos de *Gospel for Asia* ha sido David Mains de "Mainstay Ministries" (Ministerios Pilar Principal) en Wheaton, Illinois, E.E.U.U. Por medio de mis visitas como invitado a su programa de radio, muchos patrocinadores de todas partes de los Estados Unidos se han unido a nuestra familia. David y su esposa Karen, nos han aconsejado y ayudado en muchas áreas de gran necesidad, incluyendo la publicación de este libro.

A pesar de que David y Karen nunca han dicho nada sobre el dar con sacrificio, yo sé que ellos nos han ayudado durante épocas en las que su propio ministerio experimentaba tensiones económicas. Pero la Escritura es cierta cuando dice: "Dad, y se os dará..." (Lucas 6:38). Una de las leyes del reino que no cambia es que debemos dar siempre de nosotros mismos, tanto en buenos como en malos momentos. ¿Cuántas iglesias norteamericanas, ministerios cristianos e individuos tienen dificultades financieras porque han desobedecido los mandamientos claros de Dios de compartir?

Podría hacer una lista de muchos otros que han ayudado, pero uno más que debo mencionar es a Bob Walter, redactor y editor desde hace mucho tiempo. Lleno de sensibilidad al Espíritu Santo, Bob oraba por nosotros, y comentó que se sintió guiado por Dios para publicar artículos e informes sobre nuestro trabajo. También compartió su lista de correo postal con nosotros, respaldando nuestro ministerio e instando a los lectores

ARRIBA: **ESTOS MISIONEROS DE** *GOSPEL FOR ASIA* están trabajando para llegar a los no alcanzados de las regiones montañosas de Nepal. Con frecuencia, deben viajar por peligrosos caminos montañosos, arriesgando su propia vida para llegar a los no alcanzados.

DERECHA: **CADA AÑO,** *Gospel for Asia* **produce** casi 25 millones de fragmentos de literatura en 18 idiomas para alcanzar a las multitudes que están tremendamente hambrientas del Evangelio.

DERECHA: **CADA AÑO**, docenas de misioneros nacionales son golpeados por predicar el Evangelio. Algunos son hospitalizados y pocos son martirizados por la causa de Cristo. Pero aún así, salen al campo conociendo los riesgos; pues en su corazón está la carga de llevar el mensaje de Jesucristo a los perdidos de Asia.

ABAJO: **LOS EQUIPOS MÓVILES DE** *GFA* son una de las herramientas más poderosas del ministerio para llevar el amor de Cristo a los no alcanzados. Equipados con literatura cristiana, la película de la vida de Jesús, un generador y un altavoz; ellos viajan de pueblo en pueblo, predicando el Evangelio y estableciendo nuevas congregaciones.

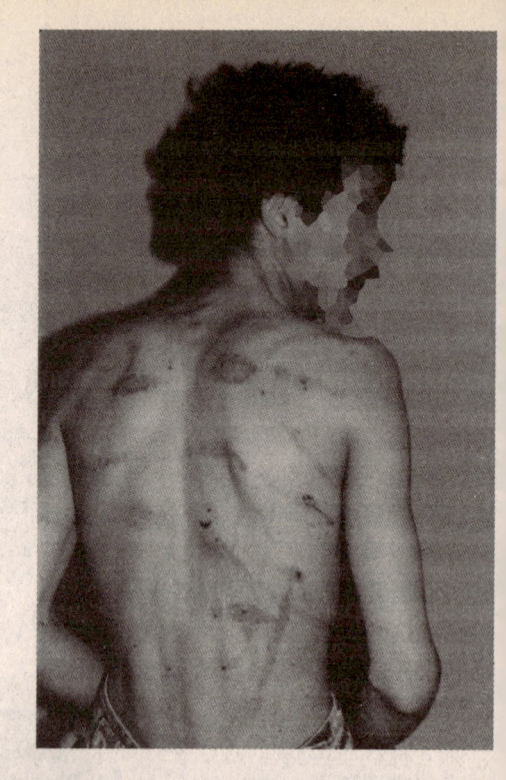

ARRIBA: **LOS MISIONEROS NACIONALES FRECUENTEMENTE DEBEN CAMINAR** de 15 a 25 kilómetros para llegar a un sólo pueblo no alcanzado. Las bicicletas los ayudan a llegar a muchos más. Cada año *Gospel for Asia* compra miles de bicicletas, ayudando a los misioneros a llegar más lejos en menos tiempo.

IZQUIERDA: **CON UN PORCENTAJE DE ANALFABETISMO DEL 60 AL 80 POR CIENTO** en muchas partes del subcontinente, cuadros ilustrados como éste comunican con claridad el Evangelio. Estos aldeanos escuchan atentamente al misionero nacional explicarles sobre el Señor Jesucristo. Muchas veces, ahí mismo en la calle, ellos reciben a Jesús en su corazón.

DERECHA: **LA RADIO** es un medio sumamente efectivo para llegar a los no alcanzados. En cooperación con emisoras internacionales, *Gospel for Asia* produce transmisiones diarias en 113 idiomas. En respuesta, más de 80.000 personas nos escriben cada mes pidiendo más información acerca de Jesucristo.

ABAJO: **UNA FAMILIA ESCUCHA** la transmisión nepalí de *Gospel for Asia*. Cada año, en áreas remotas a lo largo del campo misionero, se inician congregaciones gracias a las transmisiones radiales de GFA. Millones de personas escuchan el nombre de Jesús a través de este **medio**.

para que apoyaran al movimiento misionero indígena, mientras que muchos otros esperaban ver qué sucedía con nuestro nuevo ministerio.

Esta forma generosa de compartir ayudó a lanzar a *Gospel for Asia* en el comienzo y hoy nos sigue ayudando a crecer. En nuestras noches semanales de oración y en reuniones habituales de oración, nos acordamos constantemente de agradecerle a Dios por esta clase de favores, y oramos para que más líderes sean tocados y sientan la necesidad de compartir sus recursos con países con más de las dos terceras partes de su población en condiciones de pobreza y subdesarrollados.

Quizás el acontecimiento de largo alcance más emocionante, ha sido el cambio lento pero firme en la actitud de las agencias y las denominaciones misioneras estadounidenses hacia los movimientos misioneros indígenas.

Una tras otra, las agencias misioneras y las denominaciones con más experiencia han cambiado sus políticas, y están comenzando a apoyar a los movimientos misioneros indígenas como compañeros, en igualdad de condiciones, en la obra del Evangelio. El viejo racismo y el pensamiento colonial están desapareciendo en forma lenta pero firme.

Creo que esto podría tener un impacto de gran alcance. Si las denominaciones occidentales y las agencias misioneras con más experiencia, usaran sus redes masivas de apoyo para reunir fondos para las misiones indígenas, nosotros y otros ministerios misioneros indígenas similares, podríamos apoyar a varios cientos de miles de misioneros nacionales más, en los países pobres y del tercer mundo.

John Haggai pregunta: "En días en los cuales aproximadamente las tres cuartas partes de la gente del tercer mundo vive en países que desaniman o prohíben rotundamente los esfuerzos misioneros extranjeros, ¿de qué otra manera podemos obedecer el mandato de Jesucristo de evangelizar todo el mundo?

Para muchos cristianos precavidos la respuesta es cada vez más clara: en los países cerrados, la evangelización a través de líderes cristianos nacionales entrenados es la manera lógica... Algunos observadores han llegado al extremo de decir que puede ser la única manera".

El día del movimiento misionero indígena ha llegado. Las semillas han sido plantadas. Delante de nosotros tenemos mucho que cultivar y nutrir, pero sólo puede suceder si compartimos nuestros recursos como lo indicó el apóstol Pablo en 2 Corintios 8 y 9. Allí exhorta a los cristianos adinerados a recolectar dinero y enviarlo para apoyar a las iglesias pobres, para que la igualdad abunde en todo el cuerpo de Cristo. Él argumenta que los que tienen están obligados a compartir con los que no tienen, por el ejemplo que nos dejó Cristo.

"Porque ya conocéis la gracia de nuestro Señor Jesucristo, que por amor a vosotros se hizo pobre, siendo rico, para que vosotros con su pobreza fueseis enriquecidos" (2 Corintios 8:9). Este es el clamor del Nuevo Testamento que repito a los cristianos adinerados y prósperos del occidente. Muchos están dispuestos a seguir el ejemplo de nuestro Señor Jesucristo, quien se hizo pobre para salvar a los demás.

¿Cuántos están listos a vivir por la eternidad y seguir Su ejemplo de una vida de mayor sacrificio? ¿Cuántos se unirán al sufrimiento de los hermanos nacionales? Ellos pasan hambre, están desnudos y no tienen hogar, por amor a Cristo. No les pido a los occidentales que se unan a ellos, que duerman en las calles, ni que vayan a la cárcel por su testimonio. Pero sí les pido a los creyentes que compartan de la forma más práctica posible, a través de la participación financiera y la oración intercesora.

Una pareja entendió el mensaje y demostró comprender realmente lo espiritual. Escribieron recientemente: "Mientras leíamos la revista SEND de *GFA*, el Señor comenzó a hablarnos de ir a la India. Al considerar y preguntarle al Señor sobre esto, nos habló de nuevo y dijo: 'Ustedes no irán en persona, pero sí irán espiritual y financieramente' ".

"Bien, alabado sea el Señor, aquí está nuestro 'primer viaje' a la India. Por favor use este dinero donde vea la mayor necesidad. Que las abundantes bendiciones de Dios sean sobre usted y su ministerio".

Había un cheque por $1.000 adjunto. Estaba firmado: "Los colegas en Cristo, Jim y Betty".

¿Mi oración? Por varios cientos de miles más como Jim y Betty con la sensibilidad espiritual de escuchar lo que el Señor realmente está diciendo hoy a la iglesia norteamericana.

Doble antes de separar.

CUPÓN PARA REEMPLAZAR EL LIBRO GRATUITO

Por favor, envíenme otra copia de *Revolución en el Mundo de las Misiones:*

Por favor marque con un círculo: Sr.   Sra.   Rev.

Nombre

Dirección

Ciudad   Estado/Provincia   Código Postal

Teléfono (   )

Correo electrónico

☐ Le permito a Gospel for Asia enviarme correos electrónicos (p. ej, historias del campo misionero, peticiones urgentes de oración, etc.).

☐ Le permito a Gospel for Asia enviarme mensajes de texto (p. ej, peticiones urgentes de oración, etc.).

Política de privacidad: Gospel for Asia no venderá, prestará o intercambiará tu información personal.

Le di mi copia a:

Por favor marque con un círculo: Sr.   Sra.   Rev.

Nombre

Dirección

Ciudad   Estado/Provincia   Código Postal

Teléfono (   )

Correo electrónico

HB47-PB1T

¡Pásalo!

GOSPEL FOR ASIA

Regala esta copia de REVOLUCIÓN EN EL MUNDO DE LAS MISIONES a un amigo, tu pastor o cualquier otra persona que desee leerlo. Envíanos esta tarjeta completada por correo postal y te enviaremos otra copia del libro, ¡absolutamente gratis! Es una gran manera de compartir el ministerio de Gospel for Asia.

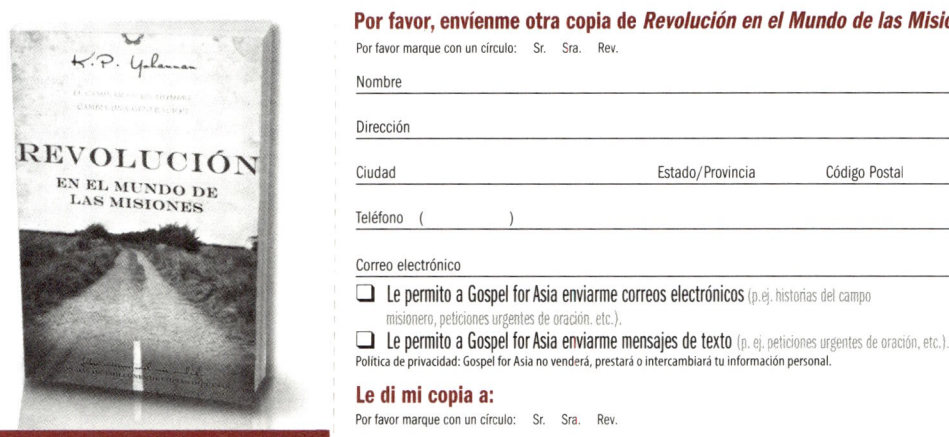

REEMPLAZA TU LIBRO GRATUITO, REGALANDO EL TUYO.

¡Su estampilla en esta tarjeta es como otra donación!—Hermano K.P.

Doble antes de separar.

BUSINESS REPLY MAIL
FIRST-CLASS MAIL · PERMIT NO 1 · WILLS POINT TX

POSTAGE WILL BE PAID BY ADDRESSEE

GOSPEL FOR ASIA
1116 ST THOMAS WAY
WILLS POINT TX 75169-9911

NO POSTAGE
NECESSARY
IF MAILED
IN THE
UNITED STATES

**Patrocine a un misionero nacional,
lea noticias del campo misionero o
compre materiales
por Internet en:**

WWW.GFA.ORG

Veintiuno

Enfrentando pruebas

Me sonrió con amabilidad desde su gran escritorio lustrado. Yo estaba impresionado. Este hombre lideraba uno de los ministerios más grandes de los Estados Unidos, uno que yo admiré por años. Era un gran predicador, autor y líder. Tenía muchos seguidores, tanto dentro la iglesia como en el ambiente secular.

Me había mandado un pasaje de avión e invitado a viajar a través del país, para aconsejarle sobre cómo expandir su obra en la India. Me sentí alagado. Su interés por *Gospel for Asia* y por el movimiento misionero indígena me complacía mucho más de lo que estaba dispuesto a reflejarle. Desde el momento en que me llamó por primera vez, sentí que este hombre podría ser un amigo valioso en muchos sentidos. Quizás abriría puertas para ayudarnos a proveer patrocinio para algunos de los cientos de misioneros nacionales que esperaban nuestro apoyo.

Pero yo no estaba listo para el ofrecimiento generoso que hizo, uno que resultó ser la primera de muchas pruebas para mí y para nuestra misión.

"Hermano K.P.", dijo despacio, "¿consideraría dejar lo que está haciendo aquí en los Estados Unidos y volver a la India como nuestro representante especial? Creemos que Dios lo está llamando a trabajar con nosotros, para llevar el mensaje de nuestra iglesia a la gente de la India. Para que lo haga, lo respaldaremos al cien por ciento".

"Tendrá todo lo que necesite", continuó sin parar ni para respirar. "Le daremos publicaciones, camionetas y literatura. Estamos preparados para proveerle todos los fondos, multiplicaremos muchas veces lo que usted levanta por sí mismo".

Era un ofrecimiento muy emocionante. Después hasta sonó más agradable. "Puede dejar de viajar y de recaudar fondos. No necesitarás una oficina ni personal en los Estados Unidos. Haremos todo eso por usted. ¿Quiere estar en Asia, no? Allí es donde está el trabajo, así que le permitiremos regresar y dirigir la obra allá".

Debilitado por la idea de tener tantas de mis oraciones contestadas de una sola vez, dejé que mi mente jugara con esas posibilidades. Pensé que ésta podría ser la mayor respuesta a la oración que jamás habíamos tenido. Mientras hablábamos, inconscientemente mis ojos deambularon por el escritorio hasta un álbum de casetes con sus enseñanzas más exitosas. Estaban bien hechas, era una serie acerca de asuntos controversiales que estaban azotando a los Estados Unidos en ese tiempo. Sin embargo, eran irrelevantes para nuestras necesidades y nuestros problemas en Asia.

Al ver que yo estaba interesado en los casetes del álbum, de repente empezó a hablar con confianza en sí mismo. "Comenzaremos con estas cintas", dijo mientras me las pasaba. "Te daré el apoyo que necesitas para producirlas en la India. Hasta las podemos traducir a los idiomas principales. Produciremos millones de copias y haremos llegar este mensaje a las manos de cada creyente indio".

Yo había escuchado a otros hombres con la misma idea loca. Esas cintas serían inútiles en la India. Millones se estaban yendo al infierno allí. No necesitaban para nada el mensaje de este hombre. Aunque yo pensaba que su idea era demente, traté de ser cortés.

"Bueno", refuté casi sin convicción, "aquí puede haber algún material que se podría adaptar para la India e imprimir en un folleto".

De repente se quedó helado. Sentí que había dicho algo malo. "Ah, no", dijo con aire de determinación tenaz, "no puedo cambiar ni una palabra. Ese es el mensaje que Dios me dio. Es parte de lo que somos. Si no es un problema en la India ahora, pronto lo será. Lo necesitamos para que nos ayude a llevar la palabra por toda Asia".

En un instante este simple buen hombre de Dios había mostrado su verdadera cara. Su corazón no ardía para nada de pasión por los perdidos, ni por las iglesias de Asia. Tenía un interés personal, y pensó que tenía el dinero para contratarme y llevar esta enseñanza por él, al extranjero. Era la misma vieja historia: un caso de neocolonialismo religioso.

Aquí estaba, nuevamente cara a cara con el orgullo y la carne en todo su esplendor. Me agradaba y admiraba a este hombre y su ministerio, pero tenía un sólo problema. Creía, como muchos otros que conocí antes que a él, que si Dios estaba haciendo algo en el mundo, lo haría a través de él.

Tan pronto como pude, me disculpé correctamente y nunca más lo volví a llamar. Él estaba viviendo en el mundo del pasado, en la época de las misiones coloniales cuando las denominaciones occidentales podían exportar y vender sus doctrinas y programas a las iglesias emergentes de Asia.

El cuerpo de Cristo en Asia tiene una gran deuda con los maravillosos misioneros que vinieron en los siglos XIX y XX. Nos trajeron el Evangelio y plantaron iglesias. Pero ahora la iglesia necesita liberarse de la denominación occidental.

Mi mensaje para el occidente es simple: Dios está llamando a todos los cristianos a reconocer que Él está edificando Su iglesia en Asia. Los misioneros nacionales que Dios está levantando para extender su iglesia, necesitan de su apoyo, pero no para imponer su propio control y enseñanza en las iglesias orientales.

Gospel for Asia ha enfrentado otras pruebas. Quizás la más grande vino de otro grupo que también quedará en el anonimato.

En esta oportunidad se trata de la donación más grande que nos hayan ofrecido.

Nuestra amistad y el amor por los miembros de este grupo habían crecido en los años anteriores. Habíamos visto que Dios puso una carga en sus corazones por ver el Evangelio del Señor Jesús predicado en la demostración del poder de Dios, en todo el mundo. Dios les había dado el deseo de involucrarse en la preparación de pastores y evangelistas nacionales, y habían ayudado financieramente a GFA con proyectos en los últimos años.

Una vez, aparentemente de casualidad, me topé con una delegación de cuatro de los hermanos estadounidenses en la India. Habían conocido a algunos de nuestros misioneros nacionales, y noté que la vida de los evangelistas indios los había desafiado y tocado profundamente. Cuando regresé a mi hogar, me esperaban cartas de agradecimiento, y algunas de esas cartas ofrecían patrocinar a un misionero nacional. Este gesto me sorprendió, porque estos mismos hombres también estaban debatiendo el darnos concesión financiera para otros proyectos. Esto me convenció de que ellos realmente creían en el trabajo de los hermanos nacionales, lo suficiente como para involucrarse personalmente más allá de sus deberes oficiales como miembro del consejo de administración

Imagínese cómo grité y salté por la oficina cuando a las dos semanas recibí otra llamada del presidente de esta junta. ¡Me dijo que habían decidido darnos una enorme suma de su presupuesto misionero! Apenas podía imaginarme una ofrenda de ese tamaño. Cuando colgué el teléfono, el personal de nuestra oficina pensó que yo había enloquecido. Necesitábamos ese dinero desesperadamente. De hecho, en mi cabeza ya lo había gastado. La primera parte iría, pensé, para empezar un nuevo instituto misionero intensivo para entrenar a misioneros nuevos.

Quizás por eso lo que sucedió después fue un golpe duro. Los miembros de su junta discutieron el proyecto entre ellos, y surgieron preguntas sobre la rendición de cuentas y el control. Me llamaron diciendo que la única manera de que la junta estuviese de acuerdo en apoyar el proyecto, sería si un representante de su organización estuviera en la junta directiva del instituto en la India. Después de todo, dijeron, no se podía liberar esa gran suma de dinero "sin condiciones".

Respiré profundo, pidiéndole al Señor que me ayudara, y traté de explicarles la política de *GFA*.

"Nuestros líderes, más allá de las fronteras, ayunan y oran por cada decisión", dije. "No tenemos que estar en sus juntas para cuidar nuestro dinero. De todas formas, no es nuestro dinero. Le pertenece a Dios. Él es más grande que *GFA* o que su organización. Que Dios proteja Sus propios intereses. Los hermanos nacionales no necesitan que ustedes ni nosotros seamos sus líderes. Jesús es su Señor, y Él los guiará en el camino correcto para usar la ofrenda".

Hubo un largo silencio del otro lado de la línea.

"Lo siento, hermano K.P.", dijo finalmente el director. "No creo que pueda comunicar esta idea a nuestros directores de la junta. Ellos quieren que se les rinda cuentas del dinero. ¿Cómo pudieran tenerla sin poner a un hombre en la junta directiva? Sea razonable. Está haciendo muy difícil que lo ayudemos. Esta es una política estándar para una ofrenda de esa importancia".

Mi cabeza se aceleró. Una vocecita me decía: "Adelante. Todo lo que quieren es un papel. No le des tanta importancia. Después de todo, esta es la ofrenda más grande que hayas recibido. Nadie da tanto dinero como éste sin algún control. Deja de ser un tonto".

Pero yo sabía que no podía acceder a esa propuesta. No podía enfrentar a los hermanos asiáticos y decirles que para obtener este dinero, tenían que tener a un estadounidense volando hasta el otro lado del mundo para aprobar cómo lo gastarán.

"No", dije, "no podemos aceptar su dinero si eso significa comprometer la pureza de nuestro ministerio. Tenemos muchas rendiciones de cuentas por medio de hermanos confiables y dedicados que han sido asignados a la junta directiva indígena. En otro momento pueden ver con sus propios ojos el edificio cuando vayan a Asia. No puedo comprometer la autonomía de la obra poniendo a un estadounidense en la junta directiva indígena."

"Lo que está sugiriendo es que usted quiere 'sostener el arca' como lo hizo Uza en el Antiguo Testamento. Dios lo mató porque se atrevió a controlar la obra de Dios. Cuando el Espíritu Santo se mueve y hace Su obra, nos inquietamos porque queremos controlarla. Es una debilidad inherente de la carne. El punto límite de su oferta es controlar la obra en Asia con condiciones ocultas adjuntadas a su ofrenda. Usted tiene que aprender a soltar su dinero, porque no es su dinero, sino el de Dios".

Luego, con el corazón en la boca, le di un último argumento, esperando salvar la ofrenda, pero dispuesto a perderla por completo si no lo podía convencer.

"Hermano", dije con tranquilidad, "todos los meses firmo cheques por cientos de miles de dólares y los envío al campo misionero. Muchas veces mientras sostengo esos grandes cheques en mi mano, oro: 'Señor, este es Tu dinero. Yo soy sólo un administrador enviándolo a donde Tú dijiste que debería ir. Ayuda a los líderes en los campos misioneros a usar este dinero para ganar a los millones de perdidos y glorificar el nombre de Jesús.' De lo único que nos tenemos que preocupar es de hacer nuestra parte. Yo obedezco al Espíritu Santo despachando el dinero del Señor. No me pida que le solicite a los hermanos nacionales que hagan algo que yo no haría".

Hice una pausa. ¿Qué más podía decir?

"Bueno", repitió la voz del otro lado de la línea, "realmente queremos ayudar. Haré la presentacion, pero usted lo está haciendo muy difícil".

"Estoy seguro", dije con convicción, "que hay otras organizaciones que cumplirán con sus requisitos. Sólo sé que nosotros no podemos. El compañerismo en el Evangelio es una cosa, pero el control externo es anti-bíblico y al final daña la obra más de lo que la ayuda".

Lo dije con convicción, pero por dentro sabía que habíamos perdido la ofrenda. No había nada más que decir, sólo adiós.

Pasaron dos semanas sin contactarnos. Oré todos los días para que Dios ayudara a toda la junta de directores a entender. Nuestro círculo íntimo, la gente que sabía que esperábamos esa ofrenda, me seguía preguntando si no había escuchado nada. Toda nuestra oficina estaba orando.

"Estamos caminando por la puerta angosta", le dije al personal con valor, "haciendo lo que Dios nos ha dicho". Por dentro deseaba que Dios me dejara torcer las reglas un poco esta vez.

Pero nuestra fidelidad valió la pena. Un día sonó el teléfono, era el director de nuevo. La noche anterior se había reunido la junta directiva, y él le había presentado mi posición.

"Hermano K.P.", dijo con una sonrisa en su voz, "nos hemos reunido y hemos discutido el proyecto exhaustivamente. Compartí la importancia de la autonomía de los hermanos nacionales. Han votado unánimemente y decidieron apoyar el proyecto sin nuestros controles".

No hay garantía de que siempre haya un final feliz cuando se defiende lo que es correcto. Pero no importa. Dios nos ha llamado a estar aquí en el occidente, desafiando a la gente próspera de este mundo a que comparta con aquellos que están desesperadamente necesitados.

Dios está llamando a los cristianos del occidente a reconocer que Él está edificando Su iglesia para que se ocupe, comparta y alcance a las almas moribundas. Está usando a muchos occidentales, a quienes les importan las almas perdidas, para que se involucren, en este nuevo movimiento, apoyando a los líderes misioneros indígenas que Él ha llamado para dirigirlo.

Dios está llamando al próspero cuerpo de Cristo a dejar su orgullo, su actitud arrogante de "nuestra forma es la única forma" para compartir con aquellos que morirán en pecado, a menos que se les envíe ayuda ahora desde las naciones más ricas. El occidente debe compartir con el oriente, sabiendo que Jesús dijo: "De cierto os digo que en cuanto lo hicisteis a uno de estos mis hermanos más pequeños, a mí lo hicisteis" (Mateo 25:40).

¿Han cometido errores los misioneros nacionales? Sí. Y no sería una administración sabia dar nuestro dinero libremente sin saber sobre la veracidad y la integridad de cualquier ministerio. Pero eso no significa que no deberíamos ayudar al movimiento misionero indígena.

La iglesia del occidente está en una encrucijada. Podemos endurecer nuestro corazón a las necesidades de países subdesarrollados; continuando en arrogancia, orgullo y egoísmo, o podemos arrepentirnos y movernos con el Espíritu de Dios. Para donde sea que nos movamos, las leyes de Dios seguirán en efecto. Si cerramos nuestro corazón a los perdidos del mundo que están muriéndose y yéndose al infierno, estamos provocando el juicio de Dios y dando lugar a la ruina más certera de nuestra prosperidad. Pero si abrimos nuestro corazón y compartimos, será el comienzo de nuevas bendiciones y avivamiento.

Es por eso que creo que la respuesta de los creyentes occidentales es crucial. El clamor de mi corazón es más que un asunto misionero que puede omitirse como cualquier otra solicitud o una invitación a un banquete. La respuesta a las necesidades del mundo perdido está directamente vinculada a las creencias espirituales y el bienestar de cada creyente. Mientras tanto, los hermanos desconocidos de Asia siguen levantando sus manos a Dios en oración, pidiéndole que supla sus necesidades. Son hombres y mujeres del más alto calibre. No se pueden comprar. Muchos han desarrollado tal devoción por Dios, que detestan la idea de convertirse en siervos de hombres y establecimientos religiosos, para obtener ganancia.

Son los verdaderos hermanos de Cristo de los cuales habla la Biblia, que caminan de aldea en aldea enfrentando maltratos y persecuciones, para llevar a Cristo a los millones de perdidos que aún no han escuchado las Buenas Nuevas de Su amor.

Sin temer al hombre, están dispuestos, como su Señor, a vivir como Él lo hizo, durmiendo en las calles, pasando hambre y hasta muriendo por compartir su fe. Ellos van a pesar de que se les diga que los fondos de la misión se agotaron. Están decididos a predicar a pesar de saber que significará sufrimiento. ¿Por qué? Porque aman las almas perdidas que mueren diariamente sin Cristo. Están demasiado ocupados haciendo la voluntad de Dios para involucrarse en políticas eclesiásticas, reuniones de junta, campañas para recaudar fondos y esfuerzos de relaciones públicas.

Es el mayor privilegio de los cristianos prósperos en el occidente ser parte de los ministerios de estos hermanos enviando ayuda financiera. Si no nos importa lo suficiente como para patrocinarlos, si no obedecemos al amor de Cristo y les enviamos apoyo, somos responsables por aquellos que van a las llamas eternas sin siquiera haber escuchado del amor de Dios. Si los evangelistas nacionales no pueden ir porque nadie los envía, la vergüenza es del cuerpo de Cristo aquí, porque tiene los fondos para ayudarlos. Y si esos fondos no se los dan al Señor, pronto desaparecerán. Si la iglesia occidental no es la luz del mundo, el Señor quitará el candelero.

Pretender que el pobre y el perdido no existen puede ser una alternativa. Pero apartar la vista de la verdad no eliminará la culpa. *GFA* existe para recordarle al cristiano próspero que allí afuera hay hambre, necesidad, un mundo perdido de gente que Jesús ama y por quienes Él murió. ¿Te unirás a nosotros para ministrarlos?

Veintidós

La visión de las almas perdidas de Asia

Muchos occidentales preocupados por las misiones han crecido escuchando la clásica estrategia: "Envíen estadounidenses" (o británicos, canadienses, australianos, neozelandeses, etc.). Nunca se les ha pedido considerar alternativas apropiadas para cambiar las condiciones geopolíticas. Es difícil para algunos escucharme reinterpretar las historias contadas por misioneros occidentales, sobre las dificultades y el ministerio infructuoso como indicadores de métodos anticuados e inapropiados.

Pero el obstáculo más grande para la mayoría de los occidentales, es la idea de que alguien de algún otro lado lo puede hacer mejor. Las preguntas acerca de los métodos y las garantías de responsabilidad financiera, a pesar de que frecuentemente son sinceras y bien intencionadas, a veces provienen de una profunda desconfianza y prejuicio.

En uno de mis viajes a la costa occidental, me invitaron a reunirme con el comité misionero de una iglesia que sostenía a más de 75 misioneros estadounidenses. Después de compartir nuestra visión sobre apoyar a misioneros nacionales, el presidente del comité dijo: "Nos habían pedido que apoyáramos a misioneros nacionales antes, pero no estamos satisfechos con la forma en la que estos nacionales son responsables del dinero que les enviamos, ni del trabajo que hacen". Noté que estaba hablando en nombre de todo el comité.

Casi no podía esperar para responderles. Este asunto de rendir cuentas es la objeción que más surge a la hora de apoyar a misioneros nacionales en los países subdesarrollados, y puedo entender por qué. De hecho, estoy de acuerdo en que es extremadamente importante que haya una forma adecuada para rendir cuentas en cada área del ministerio. Lo demanda la buena administración.

Así que detallé cómo manejamos el asunto.

"Para hacer que la gente sea responsable, necesitamos algunas normas con las cuales podemos medir su desempaño", dije. "¿Pero qué criterio deberíamos usar? ¿Sería adecuada la entrega anual de una auditoría independiente por parte de nuestros misioneros para ver si están manejando el dinero sabiamente?"

Hice otras preguntas. "¿Qué hay de las iglesias que edifican o de los proyectos que han asumido? ¿Deberían ser juzgados según los parámetros y las metas que prescriben algunas oficinas centrales misioneras o denominaciones? ¿Qué hay de las almas que han ganado y los discípulos que han hecho? ¿Alguna denominación tendría el criterio para evaluar esto? ¿Qué hay sobre el criterio para evaluar su estilo de vida en el campo misionero y el fruto que producen? ¿Cuáles de estas categorías se usarían para hacer que estos misioneros nacionales sean responsables?"

Los que se habían reclinado en sus sillas, ahora se inclinaron hacia adelante; les haba puesto una base para una idea que estaba seguro de que ellos no la habían considerado antes. Continué:

"¿Ustedes quieren que los misioneros occidentales que mandan más allá de las fronteras sean responsables con ustedes? ¿Qué criterio han usado en el pasado para dar cuenta de los cientos de miles de dólares que han invertido a través de los misioneros que ustedes apoyan ahora?"

Miré al presidente, esperando que me diera una respuesta. Trató de decirme algunas frases, antes de admitir que ellos nunca habían pensado en pedir que rindieran cuentas a los misioneros estadounidenses, ni tampoco era algo que les preocupaba.

"El problema", expliqué, "no es una cuestión de rendir cuentas sino de prejuicio, desconfianza y de superioridad. Estas son las cuestiones que dificultan el amor y el apoyo para nuestros hermanos en los países subdesarrollados que trabajan para ganar a su propia gente para Cristo".

Continué con esta ilustración: "Hace tres meses, viajé a Asia a visitar a algunos hermanos que apoyamos. En un país conocí a un misionero estadounidense que estuvo 14 años desarrollando algunos programas sociales para su denominación. Había llegado a este país esperando poder establecer su centro misionero, y tuvo éxito. Cuando caminé por su complejo misionero, pasé al lado de un hombre con un arma, sentado en la entrada. El complejo estaba rodeado por varios edificios con, por lo menos, media docena de autos importados. Los miembros del personal vestían ropas occidentales, y un sirviente estaba ocupándose de uno de los hijos del misionero. La escena me recordó a un rey viviendo en un palacio con su equipo de sirvientes para cada una de sus necesidades. En los 18 años que he estado viajando, he visto esta escena muchas veces".

"Al conversar con algunos de los misioneros nacionales", continué, "aprendí que estos estadounidenses y sus colegas sí vivían como reyes, con sus sirvientes y sus vehículos. No tenían contacto con los pobres en las aldeas de alrededor. El dinero de Dios se invierte en misioneros como éstos que disfrutan de un estilo de vida que no podrían solventar en los Estados Unidos: un estilo de vida de un hombre rico, separado por la economía y la distancia de los misioneros nacionales que caminan descalzos, vestidos pobremente hasta para su propio estándar, y a veces sin comer por varios días. Estos nacionales, en mi opinión, son los verdaderos soldados de la cruz. Cada uno de los hermanos que apoyamos en ese país ha establecido una reunión en menos de 12 meses, y algunos han comenzado más de 20 congregaciones en tres años".

Conté otro incidente de mi propia India. "A pesar de que la India no permite la entrada de nuevos misioneros, hay algunos misioneros occidentales que todavía viven allí de hace tiempo, y algunas denominaciones traen a algunos nuevos profesionales, como doctores y maestros. Visité uno de los hospitales de la misión en la India en donde algunos de estos doctores misioneros y sus colegas trabajaban. Todos vivían en mansiones bien amuebladas. Uno tenía a doce sirvientes para ocuparse de él y de su familia: uno para cuidar el jardín, otro para cuidar el auto, otro para cuidar a los hijos, dos para cocinar, uno para ocuparse de la ropa de la familia, etcétera. Y en ocho años, este misionero no había ganado a nadie para Jesús, ni había establecido ninguna iglesia".

"¿Qué criterio", me atreví a preguntar, "usaron estas dos denominaciones evangélicas que han enviado a estos hombres para exigirles que cumplan con su responsabilidad?"

"En otro lugar", continué, "hay un hospital que costó millones en construirlo y más millones para mantener el personal europeo y estadounidense. Allí no se estableció ninguna iglesia viva al estilo del Nuevo Testamento en 75 años. ¿Alguna vez alguien pidió que se rindiera cuentas por una labor infructuosa?"

"Estas ilustraciones no son ejemplos aislados", le aseguré a mi audiencia. "Durante mis 18 años viajando por toda Asia, he visto a misioneros occidentales constantemente viviendo en niveles económicos muchas veces por encima de las personas entre las cuales viven. Y los nacionales que trabajan con ellos son tratados como sirvientes y viven en la pobreza, mientras que estos misioneros disfrutan los lujos de la vida".

Comparé estos ejemplos con lo que los nacionales están haciendo.

"¿Recuerdan la ilustración del hospital multimillonario y ni una iglesia?" Pregunté. "Bueno, hace cuatro años empezamos a apoyar a un misionero nacional y 30 compañeros que han empezado una misión a pocos kilómetros del hospital. Su personal creció a 349 compañeros, y se han abierto cientos de congregaciones. Otro misionero nacional, uno de sus compañeros, ha establecido más de 30 grupos de estudio bíblico en tres años. ¿Dónde viven estos hermanos? En pequeñas chozas como la de las personas con quienes trabajan. Podría contarles cientos de historias que ilustran el fruto de vidas tan dedicadas. Es como que el libro de los Hechos se está escribiendo otra vez".

"¿Esperan ustedes que se rinda cuentas de parte de los misioneros y es este rendir cuentas requerido por ustedes para darles apoyo? Recuerden que Jesús dijo: 'Porque vino Juan, que ni comía ni bebía, y dicen: Demonio tiene. Vino el Hijo del Hombre, que come y bebe, y dicen: He aquí un hombre comilón, y bebedor de vino, amigo de publicanos y pecadores. Pero la sabiduría es justificada por sus hijos' " (Mateo 11:18-19).

"El fruto", señalé, "es la verdadera prueba. 'Así que, por sus frutos los conoceréis', dijo Jesús (Mateo 7:20). Pablo le dijo a Timoteo dos cosas con respecto a su vida. Y estas dos cosas, yo creo, son el criterio bíblico para la rendición de cuentas. Le dijo a Timoteo que cuide su propia vida y que cuide el ministerio que le había sido encomendado. La vida del misionero es el medio de transmisión de su mensaje".

Habían pasado tres horas, y el salón permanecía en silencio. Sentí que me daban permiso para continuar.

"Ustedes me pidieron que les dé un método para que nuestros misioneros nacionales sean responsables y rindan cuentas. Además de los asuntos que he planteado, *Gospel for Asia* sí tiene procedimientos firmes para asegurarse de que seamos buenos administradores del dinero y las oportunidades que el Señor nos encomienda. Pero nuestros requisitos y métodos reflejan una perspectiva y una forma diferente de llevar a cabo las misiones.

"Primero, *Gospel for Asia* asume que los que somos llamados. Somos llamados a servir y no a ser servidos. Caminamos ante millones de pobres y destituidos de Asia dando testimonio y ejemplo con nuestra vida. Respiramos, dormimos y comemos conscientes de los millones de perdidos a los que el Señor nos manda a amar y a rescatar".

Después expliqué cómo Dios está alcanzando a los perdidos, no a través de programas sino a través de individuos cuyas vidas están tan entregadas a Él, que Él las usa como vasijas para ungir al mundo perdido. Así que le damos la prioridad máxima a cómo viven los misioneros y líderes. Cuando empezamos a apoyar a un hermano, vivía en dos cuartos pequeños con piso de concreto. Él, su esposa y sus cuatro hijos dormían en una alfombra en el piso.

Eso fue hace cuatro años. Hace poco en una visita a la India, lo vi viviendo en el mismo lugar, durmiendo en la misma alfombra a pesar de que su personal había crecido de 30 a 349 trabajadores. Maneja cientos de miles de dólares para mantener en pie este enorme ministerio, sin embargo su estilo de vida no ha cambiado. Los hermanos que ha traído al ministerio están dispuestos a morir por amor a Cristo porque han visto a sus líderes darse a Cristo, así como lo hizo el apóstol Pablo.

"En el occidente, la gente sigue a los hombres con poder y riquezas. En Asia, nuestra gente busca a hombres como Gandhi quien, para inspirar a sus seguidores, estuvo dispuesto a dejar todo para ser como el más pobre. El acto de rendir cuentas empieza con la vida del misionero."

"El segundo criterio que consideramos", expliqué, "es el fruto de esa vida. Nuestra inversión de dinero se demuestra en el resultado de las vidas cambiadas y las iglesias establecidas. ¿Qué mayor acto de rendir cuentas se puede pedir"?

"Cuando los misioneros occidentales van a los países subdesarrollados, son capaces de encontrar a nacionales que los sigan.

Pero estos nacionales frecuentemente son atrapados en rasgos distintivos denominacionales. De tal palo tal astilla. Los líderes misioneros de las denominaciones que viajan a estos países y viven en hoteles cinco estrellas atraerán a los famosos líderes nacionales que son como ellos. Después, desafortunadamente, se les acusa a los famosos líderes nacionales de derrochar o usar mal las grandes sumas de dinero, cuando ellos simplemente siguieron el ejemplo de sus compañeros occidentales".

Otra vez me dirigí al presidente: "¿Han estudiado la vida y los ministerios de los misioneros estadounidenses que apoyan? Creo que encontrarán que pocos de ellos están directamente involucrados en predicar a Cristo, más bien realizan algún tipo de trabajo social. Si aplican los principios bíblicos que les he indicado, dudo que apoyarían a más de unos cuantos".

Después me di vuelta y le pedí a los miembros del comité que se evaluaran ellos mismos.

"Si sus vidas no están totalmente comprometidas con Cristo, ustedes no están preparados para ser parte de este comité. Eso significa que no pueden usar su tiempo, sus talentos o su dinero de la manera que quieran. Si lo hacen, y aún así creen que pueden ayudar a dirigir al pueblo de Dios para alcanzar al mundo perdido, se están burlando de Dios mismo. Deben evaluar cómo usar cada dólar y todo lo que hacen a la luz de la eternidad. La forma en la que cada uno de ustedes vive, es donde empieza nuestra cruzada para alcanzar a los perdidos de este mundo".

Me alegró ver que Dios les habló a muchos de ellos. Hubo lágrimas y un sentir de la presencia de Dios entre nosotros. Había sido difícil para mí, y estaba feliz de que hubiera terminado. Pero necesitaba ser fiel al llamado de Dios en mi vida para compartir la visión de las almas perdidas de Asia, con los prósperos hermanos y hermanas cristianos occidentales que tenían en sus manos el poder ayudar.

Conclusión

Bihar es el estado del norte de la India conocido como el cementerio de las misiones. ¡Cómo olvidar los meses de verano que pasé allí con equipos de alcance misionero! Nos echaban de las aldeas y nos apedreaban por predicar el Evangelio. Eso fue en 1968.

Se dice que Bihar es una de las regiones menos alcanzadas del mundo, compuesta de aldeas primitivas con 75 millones de habitantes. *Gospel for Asia* tiene un colegio bíblico misionero en Bihar, para entrenar y enviar obreros a estas áreas espiritualmente necesitadas.

El hermano Simon fue uno de los jóvenes que asistió. En estas escuelas, los estudiantes son animados a orar y buscar el rostro de Dios, para saber dónde Él quiere que vayan cuando terminen su entrenamiento. Mientras estudiaba en el colegio bíblico, Simon oraba para que el Señor lo guiara a un lugar en donde pudiese alcanzar al necesitado y plantar al menos una congregación local. El Señor puso una carga especial en su corazón por un grupo específico en Bihar, y después de su graduación, fue enviado allí, a servir y alcanzar estas almas por las cuales él había orado.

¡Tres años después ya había establecido cinco iglesias! Todo esto comenzó con la transformación de una mujer llamada Manjula.

A través de los años, Manjula había ganado la reputación de ser una mujer consagrada en su aldea. Muchos aldeanos la seguían y la buscaban para obtener consejo. Le traían ofrendas y sacrificios porque era conocida por sus poderes espirituales. Tenía una gran reputación de hacer milagros, y hasta causaba enfermedades y muerte.

Cuando Simon llegó a esa área, la gente le contó sobre Manjula y lo eficaz que era, con todos sus poderes mágicos y sus dioses de su lado. Pero después Simon escuchó que hacía tres años que Manjula se había enfermado y estaba totalmente paralizada desde el cuello hacia abajo. Este hermano se dio cuenta de que esta situación era la oportunidad designada por Dios para predicarle el Evangelio.

A pesar de que su propia vida corría peligro, Simon fue a visitar a Manjula y le habló del Señor Jesucristo. De camino a su casa, Simon supo más sobre la historia de Manjula. Por semanas, se llevaron a cabo muchas oraciones de rituales con sacrificios, para que se sanara. Cientos de sus seguidores obedecían sus meticulosas instrucciones para pedir a sus dioses favoritos en su nombre, pero nada la había sanado. Reconociendo que debía estar bajo el ataque de espíritus malignos más poderosos de los que ella podía manejar, decidió acercarse a brujos curanderos más fuertes para que dirigiesen rituales elaborados que la sanasen. Pero otra vez no hubo liberación ni esperanza.

En esa época Simon llegó allí. Cuando entró a la casa de Manjula, comenzó a testificarle del Señor Jesucristo. Ella lo escuchó atentamente y le dijo: "Durante tres años he tratado de todo para apaciguar a estos dioses enojados. Pero no responden. Ahora estoy confundida y tengo mucho temor".

Simon le preguntó: "¿Qué harías si Jesús te sanara y te restableciera?" Sin titubear Manjula contestó: "Si tu Jesús puede sanarme y restablecerme, voy a servirle el resto de mi vida". Simon le explicó sobre la realidad del amor de Dios y cómo

Jesucristo, el único salvador, la podía librar del pecado y salvarla de la condenación eterna.

Dios en Su misericordia abrió los ojos de Manjula para que viera la verdad. Ella decidió clamar a Jesús para que la perdonara y la salvara. Simon se arrodilló a su lado y oró para que Jesús la sanara. Mientras oraba en voz alta, también oró fervientemente en su corazón: "Señor Jesús, ésta puede ser mi única oportunidad de ver a toda esta aldea convertirse a Ti. Por favor, Señor, por amor a tu reino, tócala y sánala. Tu Palabra dice que tu trabajarás conmigo, confirmando Tu Palabra, y que los milagros serán una señal para que esta gente crea en Ti".

Mientras el hermano Simon terminaba de orar por Manjula, el poder del Espíritu Santo y la gracia de Dios la tocaron al instante, y fue liberada y sanada inmediatamente. Al cabo de pocas horas corría y gritaba con gozo: "¡Gracias Jesús!" ¡Gracias Jesús! ¡Gracias Jesús!"

Al escuchar el alboroto, una gran multitud se juntó en frente de la casa de Manjula para ver qué pasaba. Allí estaba, una mujer que había estado paralizada por tres años, completamente sana. Alababa y gritaba el nombre de Jesús con lágrimas en su rostro. Manjula fue la primera persona en la aldea en creer en Jesús.

La siguiente semana, más de 20 personas dieron su vida a Cristo y se bautizaron. Manjula abrió su casa para que estos nuevos creyentes vinieran regularmente y adoraran al Señor Jesucristo. Así como en Hechos 19, cuando comenzó la iglesia de Éfeso, se erradicaron completamente todas las prácticas malignas y los rituales, y hubo un nuevo comienzo para esta aldea.

Simon también empezó a predicar el Evangelio en las aldeas vecinas, y aún más gente comenzó a acercarse al Señor Jesucristo.

Al escuchar estos acontecimientos, los líderes del colegio bíblico le pidieron a Simon que visitara a los misioneros de las regiones cercanas y los ayudaran a establecer iglesias. Simon empezó a viajar, y como resultado de su ministerio, cuatro iglesias más fueron plantadas y se abrieron varias estaciones misioneras nuevas.

En un momento dado, hablé con el líder de Simon y le pregunté: "¿Cuál es el secreto del ministerio de Simon? ¿Qué es lo que causa que el Señor lo use con tanta eficacia?" El líder de Simon respondió: "Su caso no es una excepción. Muchos de nuestros hermanos en el campo misionero están experimentando lo mismo. Este es tiempo de cosecha".

Me contó algo de la vida de Simon. Cuando estaba estudiando en nuestro colegio bíblico, se levantaba temprano en la mañana y pasaba por lo menos tres horas con el Señor, orando de rodillas y meditando en la Palabra de Dios. Cuando se graduó y fue al campo misionero, no redujo eso, sino que aumentó el tiempo de oración. Simon no cuenta abiertamente estas cosas, sino que va a predicar el Evangelio discretamente y con humildad. A través de su vida, cientos han venido a Cristo.

Actualmente, sólo en el subcontinente indio, cientos de miles de aldeas siguen sin un testigo cristiano. Además de esto, en países como Bután, Myanmar y Nepal, el subcontinente entero, donde hay millones de millones esperando que alguien como Simon vaya y lleve la luz del Evangelio.

Romanos 10:13–17 dice que si estos millones de almas que están en las tinieblas invocan al Señor Jesucristo, serán salvas. ¿Pero cómo invocarán a Jesús si no creen en Él? ¿Y cómo creerán en Jesús si nunca nadie ha ido a contarles acerca de Él? Y por último, esta pregunta para usted y para mí: ¿Cómo puede ir una persona como Simon si nadie lo *envía*? Esta es la pregunta que debemos responder.

Hoy, Dios nos llama a *ser personas que envían* misioneros que están esperando ir a estas aldeas no alcanzadas. Tenemos el privilegio de parte de Dios de vincular nuestra vida con hermanos como Simon para ver a nuestra generación conocer al Señor Jesucristo.

Conclusión

Le animo a buscar al Señor y ver si Él le está pidiendo que apoye a uno o más de estos misioneros nacionales. Si Él pone esto en su corazón, háganos saber su decisión. Recibirá información acerca del misionero por el que está orando y al que está apoyando.

Frecuentemente cuesta alrededor de $120 a $360 dólares al mes patrocinar completamente a uno de estos obreros nacionales, pero con tan poco como $30 dólares al mes, usted puede empezar a apoyar a uno de estos misioneros o misioneras, enviándoles a una aldea no alcanzada que está esperando escuchar las Buenas Nuevas. A través de sus oraciones y su apoyo, lo puede ayudar a comunicar con eficacia el Evangelio y establecer iglesias locales.

Supongamos que *usted* es uno de los privilegiados en orar y apoyar a Simon mientras éste sirve en Bihar. ¡Algún día, en la eternidad, se parará frente al trono con Simon, su familia, y junto con los miles que han conocido al Señor a través de su vida y su ministerio!

Apéndice uno

Preguntas y respuestas

Uno de los momentos más significativos de nuestras reuniones es el segmento de preguntas y respuestas. Muchos hacen preguntas desafiantes, lo cual demuestra que estuvieron pensando seriamente sobre las implicaciones del mensaje que acabaron de escuchar. Algunos piden detalles de nuestras políticas y prácticas en el campo misionero. Otros hacen preguntas que se repiten con frecuencia y aquí doy mis respuestas.

Pregunta: ¿Cuál es la preparación y la experiencia de los misioneros que ustedes apoyan?

Respuesta: Buscamos aquellos con un verdadero llamado en su vida para ir a los lugares menos alcanzados a evangelizar y plantar iglesias. No es un trabajo. Un empleado renuncia cuando las cosas se tornan difíciles. Nuestro compromiso es entrenar y enviar hombres y mujeres que sólo buscan la aprobación de Dios y Su gloria, aquellos que no pueden ser comprados con dinero o buscan hacer lo suyo, aún dentro del trabajo del Señor.

También deben ser personas de integridad en cuanto al compromiso con la Palabra de Dios y la sana doctrina, dispuestos a obedecer las Escrituras en todos los aspectos sin cuestionarla. Deben mantener un testimonio impecable, tanto en su andar con el Señor como con su familia.

Buscamos aquellos que están listos para trabajar y esforzarse en alcanzar a los perdidos en los campos misioneros donde son enviados y alrededor de estos también. Cada misionero también es un pastor con un rebaño levantado por el Señor. Él protegerá estos nuevos creyentes y los guiará a la madurez en Cristo, a través de la enseñanza de la Palabra de Dios y equipándolos para ganar a los perdidos en estas regiones.

Pregunta: ¿A quiénes le rinden cuentas los misioneros evangelistas nacionales?

Respuesta: Tomamos varias medidas para asegurarnos de que nuestros sistemas para rendir cuentas no fallen. En cada área, los misioneros se reúnen por lo menos una vez al mes, por unos días, para ayunar, orar y congregarse juntos mientras edifican el reino en cada área del campo. En todos los casos, los misioneros nacionales son supervisados por los ancianos indígenas con quienes trabajan. A su vez, estos líderes pasan mucho tiempo reuniéndose con sus propios líderes espirituales. Estos líderes que supervisan el ministerio son hombres con años de integridad y buen testimonio, tanto en su vida personal como en el ministerio.

Pregunta: ¿Se hace una auditoría de los registros financieros en el campo?

Respuesta: Sí, los registros financieros son inspeccionados por nuestras oficinas administrativas para asegurar que los fondos se usen con el propósito planeado. Se requiere una explicación detallada por escrito para proyectos, como cruzadas a aldeas, conferencias de entrenamiento y programas especiales. Tanto los líderes como los misioneros involucrados, reciben y firman todos los fondos de apoyo misionero que reciben, y los recibos firmados también se verifican. Todos los registros financieros del campo también reciben auditoria anual por un contador público independiente y certificado.

PREGUNTA: Parece ser que la Ventana 10/40 se ha vuelto el enfoque de la mayoría de las organizaciones misioneras. ¿Qué perspectiva tiene *Gospel for Asia* para llegar a los grupos no alcanzados en la Ventana 10/40?

RESPUESTA: El 97 por ciento de los pueblos no alcanzados del mundo viven en este llamado "cinturón de resistencia". Si nos acercamos a la Ventana 10/40 veremos que hay más grupos sin alcanzar en el norte de la India que en cualquier otra parte del mundo.

Gospel for Asia apoya miles de misioneros nacionales.

Aunque desde el comienzo hemos estado trabajando entre las personas no alcanzadas de esta parte del mundo, en los últimos años hemos enfocado nuestros esfuerzos en el corazón de la Ventana 10/40.

Ha habido una gran cantidad de charlas y toneladas de información en relación a la Ventana 10/40 y los más de 2 mil millones de personas que esperan para oír el Evangelio. Y hacia el final del siglo XX, varias denominaciones y agencias desarrollaron serios planes y estrategias a nivel mundial con el fin de evangelizar el mundo para el año 2000.

Era muy emocionante; pero varios años después de este nuevo siglo, ¿cuánto progreso hubo realmente? En el 2000 hubo 155 oportunidades de discipulado (ofertas o invitaciones para ser un discípulo de Cristo) por habitante del mundo. Lamentablemente, el 84 por ciento de esas invitaciones se daban a personas que decían ser cristianos, y a un 15.9 por ciento de personas que ya habían sido evangelizadas pero no eran cristianos. Sólo el 0.16 por ciento fueron dadas a personas que nunca habían escuchado las Buenas Nuevas.[1]

En mi lengua nativa hay un dicho antiguo: "Ninguna imagen de una vaca en un libro va a salir a comer algún pasto." El año 2000 llegó y pasó. ¿Algo cambió? Sí, y no. Las estrategias e iniciativas trajeron una mayor conciencia y motivación para llegar a los no alcanzados. Pero hoy, el objetivo sigue sin cumplirse aún. Necesitamos movernos de la información a la implementación si queremos ver a estas personas alcanzadas con el Evangelio.

¡Creo de todo corazón que a menos que cambiemos estos números de inmediato, dirigiendo la mayor parte de nuestros recursos directamente a la Ventana 10/40, trabajando juntos, sin egoísmo y buscando iglesias locales dispuestas a patrocinar y animar los movimientos misioneros indígenas, otro año pasará y nada habrá cambiado!

Por tal razón el Señor puso en nuestro corazón que debemos creer en Él para ver una multitud de obreros nacionales comprometidos reclutados y entrenados para llevar a cabo la gran comisión en estas áreas menos alcanzadas.

PREGUNTA: ¿Cómo entrenan a los misioneros evangelistas nacionales?

RESPUESTA: Los misioneros son entrenados en colegios bíblicos en el corazón de la Ventana 10/40. Después de graduarse, los estudiantes van directamente a las áreas menos alcanzadas de Asia para cumplir la gran comisión dada por el Señor Jesucristo.

El entrenamiento para estos estudiantes es intensivo. Sus días empiezan a las cinco de la mañana. La primera hora es para orar y meditar en la Palabra de Dios. Las enseñanzas y el entrenamiento práctico se llevan a cabo durante el resto del día. El día termina alrededor de las once de la noche.

Los viernes a últimas horas de la tarde se da lugar al ayuno y más de dos horas de oración. Cada fin de semana los estudiantes van a pueblos cercanos no alcanzados para evangelizar. Por lo general, antes de terminar el año escolar, terminan abriendo docenas de iglesias en casas, y estaciones misioneras durante esos fines de semana. Antes de terminar su entrenamiento de tres años, cada alumno habrá leído diligentemente la Biblia al menos tres veces.

El primer viernes de cada mes los estudiantes tienen una vigilia de oración, donde oran en especial por las personas aún no alcanzadas y otras naciones. Durante estos tiempos de oración, sus corazones sienten la realidad de un mundo perdido. Durante los tres años en el instituto bíblico, a cada alumno se le da la oportunidad para orar por docenas de grupos completamente inalcanzados. Al mismo tiempo, cada uno busca al Señor para saber dónde Él los enviará para ser misioneros.

La parte más importante del entrenamiento es que los estudiantes lleguen a ser más como Cristo en carácter y esencia, y que conozcan al Señor íntimamente en sus vidas. Segundo, se les enseña la Palabra de Dios de tal manera que estén bien equipados, no sólo para el trabajo de evangelismo, sino también para ser pastores y maestros en las iglesias que iniciarán. Se requiere de un curso de estudio bíblico inductivo para graduarse. Tercero, durante sus tres años, los estudiantes reciben muchísimo entrenamiento práctico en todos los aspectos del ministerio, incluyendo evangelismo, desarrollo de una congregación y otras áreas de cuidado pastoral, para ayudarlos a ser eficaces en su trabajo para el Señor.

Pregunta: ¿Cuáles son los métodos usados por los misioneros nacionales?

Respuesta: ¡Aunque las películas, la radio, la televisión y los videos se están volviendo más comunes en Asia, algunos de los métodos más efectivos todavía parecen haber salido del libro de Hechos!

El evangelismo más efectivo se hace cara a cara en las calles. La mayoría de los misioneros nacionales camina o anda en bicicleta de aldea en aldea, similar a lo que hicieron los jinetes metodistas durante la expansión de la frontera en EE.UU.

Las predicaciones en las calles y el evangelismo al aire libre, frecuentemente con el uso de un altavoz, son los métodos más comunes para proclamar el Evangelio. A veces los evangelistas coordinan marchas de testimonios y/o campañas en carpas, y distribuyen tratados evangelísticos simples durante una semana de cruzadas en una aldea.

Como la mayoría de los mil millones de analfabetos del mundo viven en Asia, el Evangelio debe proclamarse sin usar literatura. Esto se hace mediante la proyección de la película sobre la vida de Jesús, junto con casetes, láminas y otros recursos visuales para comunicar el Evangelio.

Camionetas, jeeps, altavoces simples, bicicletas, folletos, panfletos, libros, cuadros ilustrados y banderas son recursos importantes para nuestros misioneros. Son simples de usar y simples para entrenar, y ahora se están complementando con transmisiones de radio, reproductores de casetes, proyectores de películas, y televisión. Estas herramientas de comunicación son accesibles en Asia a bajo costo, y pueden comprarse localmente sin costos de importación. Además, los evangelistas nacionales ya los conocen y no son un choque para la cultura.

Pregunta: ¿Con el énfasis que ponen en el movimiento misionero indígena, creen que todavía hay lugar para misioneros occidentales en Asia?

Respuesta: Sí, todavía hay lugares para misioneros del occidente.

Primero: Aún hay países sin iglesia de donde sacar misioneros nacionales. Marruecos, Afganistán y las Islas Maldivas me vienen a la mente. En estos lugares, los misioneros extranjeros –sean del occidente, África o Asia– son una buena manera de anunciar el Evangelio.

Segundo: Los cristianos en el occidente tienen habilidades técnicas que sus hermanos en iglesias pobres y del países subdesarrollados pueden necesitar. El trabajo de Wycliffe Bible Translators (Traductores de Biblia Wycliffe) también es un buen ejemplo. Sus esfuerzos para traducir la Biblia a más de 6.800 idiomas que aún no la tienen, son invaluables. Entonces, cuando iglesias del tercer mundo invitan a occidentales para ayudarles, y el Señor está involucrado, los occidentales obviamente deberían responder.

Tercero: Hay experiencias de discipulado a corto plazo que considero especialmente valiosas. Organizaciones como *Operation Mobilization* (Operación Movilización) *y Youth With A Mission* (Juventud con una Misión) han tenido un impacto catalítico en iglesias tanto en Asia como en el occidente. Estos ministerios de discipulado benefician tanto a los participantes occidentales como a los millones de asiáticos sin evangelizar. Yo personalmente, fui reclutado por *Operation Mobilization* en 1966 para ir al norte de la India.

A través del contacto entre culturas y entre razas, ministerios como éstos son especialmente benéficos porque permiten a los occidentales entender mejor la situación en Asia. Los alumnos egresados de estos programas ayudan a otros en el occidente a entender las verdaderas necesidades de países subdesarrollados con la mayor concentración de población mundial.

Y, por supuesto, está el simple hecho de que el Espíritu Santo llama a individuos de una cultura a ser testigo en otra. Cuando Él nos llama, por supuesto que debemos responder.

PREGUNTA: ¿Por qué las iglesias indígenas no patrocinan a sus propios misioneros en los países subdesarrollados?

RESPUESTA: En realidad, sí lo hacen. De hecho, creo que la mayoría de los cristianos asiáticos da más, en proporción a sus ingresos, que los occidentales. Muchas veces los he visto dar huevos de gallina, arroz, mangos y raíces de tapioca porque con frecuencia no tienen dinero. La verdad es que la mayoría de las iglesias en crecimiento en Asia está formada por las masas pobres. A menudo, simplemente no tienen dinero para dar. Estas son personas que pertenecen al 25% de la población mundial que vive con menos de 1 dólar por día.

Muchas veces vemos que un misionero evangelista exitoso se paraliza por el gran crecimiento de su ministerio. Cuando ocurre un gran movimiento del Espíritu Santo en una aldea, el misionero exitoso puede tener varios compañeros de trabajo talentosos y ya entrenados, como "Timoteos" listos para establecer congregaciones hermanas. Sin embargo, el rápido crecimiento casi siempre excede la habilidad de la congregación original de sostener financieramente a sus obreros adicionales. Aquí es cuando la ayuda externa es vital.

A medida que el Espíritu de Dios se mueve, se forman nuevas juntas misioneras. Algunas de las sociedades más grandes del mundo están en Asia. Pero a la luz de la necesidad, literalmente necesitamos cientos de miles misioneros adicionales, quienes, a su vez, requerirán apoyo externo adicional.

Desgraciadamente, hay algunas iglesias locales que no apoyan a sus evangelistas nacionales, por las mismas razones que algunas congregaciones occidentales tampoco lo hacen (falta de visión y pecado en la vida de sus pastores y miembros.) Pero esto no es excusa para que los cristianos occidentales se queden tranquilos, y pierdan la oportunidad más grande que tendrán para ayudar a ganar a un mundo perdido para Jesús.

PREGUNTA: ¿Existe algún peligro en crear un efecto contrario al patrocinar misioneros nacionales, y que esto genere una dependencia del occidente en lugar de buscar apoyo en las iglesias locales?

RESPUESTA: La verdad es, por supuesto, que no es el dinero externo que debilita la iglesia sino el control externo. El dinero del occidente da en realidad a los evangelistas la libertad y la posibilidad de actuar conforme a su llamado de Dios.

Después de generaciones bajo el dominio de colonialistas occidentales, la mayoría de los asiáticos son conscientes del problema potencial del control extranjero a través del dinero.

Es un tema que se trata con frecuencia entre líderes misioneros indígenas; y la mayoría de las juntas misioneras indígenas ha desarrollado políticas y prácticas para rendir cuentas sin un control extranjero.

En *Gospel for Asia*, hemos tomados ciertas medidas para asegurar que los fondos lleguen a los misioneros evangelistas locales, de manera responsable y sin perjudicar la valiosa autonomía local.

Primero, nuestro proceso de selección y entrenamiento está diseñado para favorecer a hombres y mujeres con la actitud correcta, misioneros que dependen del sostén de Dios en lugar de los hombres.

Segundo, no hay supervisión directa o indirecta del trabajo por parte de los patrocinadores occidentales. Los patrocinadores dan el dinero del Señor a las misiones a través de *Gospel for Asia*, y nosotros, a su vez, enviamos el dinero a líderes nacionales que supervisarán los asuntos financieros en cada campo. Por lo tanto, el evangelista nacional no tiene contacto directo con quien provee los fondos. Este procedimiento se está implementando en varias organizaciones que colectan fondos en el occidente para apoyar obreros nacionales, y al parecer está dando buenos resultados.

Finalmente, tan pronto se establece una obra nueva, los misioneros nacionales se dispersan para evangelizar los pueblos cercanos no alcanzados. Las nuevas congregaciones que se establecen, con el tiempo, tendrán la suficiente estabilidad financiera como para patrocinar a sus misioneros completamente, y todavía dar aún más sacrificialmente para contribuir con el Evangelismo. Con el tiempo, estoy seguro de que las iglesias indígenas podrán suplir los costos de la mayor parte del evangelismo pionero, pero por ahora el trabajo es demasiado para hacerlo sin ayuda occidental.

Yo creo que la manera más rápida de ayudar a las iglesias asiáticas a ser autónomas, es contribuyendo con el movimiento misionero indígena en crecimiento. A medida que las iglesias se establecen, las bendiciones del Evangelio abundarán y los nuevos creyentes asiáticos podrán suplir para un alcance cada vez mayor. El dinero del patrocinio es como una inversión en la obra de Dios. Lo mejor que podemos hacer ahora para ayudar a la iglesia asiática a ser independiente es patrocinar tantos misioneros nacionales como sea posible.

Pregunta: ¿Cómo puede *Gospel for Asia* financiar a un misionero evangelista nacional por sólo 2.000 ó 4.000 dólares por año cuando mi iglesia dice que se requiere más de 50.000 dólares por año financiar a un misionero occidental en el campo?

Respuesta: Hay una enorme diferencia entre vivir al mismo nivel que un campesino asiático, como lo hacen los evangelistas nacionales, y vivir según un modesto estándar occidental. En la mayoría de los países en que patrocinamos misioneros locales, ellos pueden sustentar los gastos de su familia y del ministerio con alrededor de 10 dólares por día. En la mayoría de los casos, esto es aproximadamente el mismo ingreso per cápita de las personas a quienes ministran.

En cambio, un misionero occidental se enfrenta a costos adicionales. Estos incluyen costos de transporte aéreo internacional, envíos de afectos personales al campo, escuela de idioma, escuelas especializadas en inglés para los hijos, y vivienda al estilo occidental. Por otro lado, los misioneros nacionales viven en aldeas al mismo nivel que los demás en la comunidad, a quienes quieren alcanzar para Cristo.

El misionero occidental también debe pagar por su visa y otros impuestos legales, los costos de comunicación con sus donantes, cuidado médico adicional, tarifas de importación y pago de impuestos en su país de origen. El costo de comida también puede ser elevado, en especial si el misionero invita a otros occidentales, contrata a un cocinero o compra alimentos importados.

A menudo, los gobiernos locales requieren que los misioneros extranjeros paguen impuestos u otros aportes locales.

La ropa, tales como zapatos y prendas occidentales importadas, es costosa. Muchos misioneros nacionales optan por usar sandalias y vestirse igual que la gente local.

Para una familia misionera occidental con hijos, existe la presión de mantener una semejanza del estilo de vida occidental. Con frecuencia esto se incrementa por la influencia de los compañeros de escuelas privadas que suelen ser hijos de negociantes internacionales y diplomáticos.

Por último, para los misioneros nacionales, las vacaciones, los viajes y el turismo dentro del país, no es algo esencial como para muchos occidentales. El costo de libros en inglés importados, diarios, discos y casetes también lleva un gran costo que no es parte de la vida del misionero nacional.

Todo esto resulta en que los misioneros occidentales con frecuencia necesiten muchas veces más dinero de lo que necesitan los misioneros nacionales.

PREGUNTA: Parece que recibo peticiones de donativos de organizaciones cristianas todos los días. ¿Cómo puedo saber quién es genuino y si está realmente en el centro de la voluntad de Dios?

RESPUESTA: Muchos cristianos reciben cartas todos los meses de todo tipo de organizaciones religiosas pidiendo donaciones. Obviamente, no se puede responder a todas, entonces ¿qué criterio se debería usar para tomar esa decisión? Aquí hay unas guías que hemos desarrollado para aquellos que contribuyen con las misiones, y que los podrán ayudar:

- Aquellos que piden dinero: ¿Creen en las verdades fundamentales de la Palabra de Dios o son teológicamente liberales? Cualquier misión que busca llevar a cabo el trabajo de Dios debe estar completamente comprometida con

Su Palabra. ¿La organización está afiliada a organizaciones liberales que niegan la verdad del Evangelio mientras mantienen el nombre de "cristiana"? ¿Sus miembros declaran abiertamente sus creencias? Demasiados, hoy por hoy, caminan por zonas grises, sin tener una postura definida y tratando de no ofender a nadie para poder recibir dinero de todos, sean amigos o enemigos de la cruz de Cristo. La Palabra de Dios se está cumpliendo en ellos: "... Aparentarán ser piadosos, pero su conducta desmentirá el poder de la piedad" (2 Timoteo 3:5 NVI).

- ¿La meta de su misión es ganar almas o simplemente están orientados a un evangelismo social? La persona liberal cree que el hombre es naturalmente bueno; entonces, todo lo que necesita para resolver su problema es cambiar su entorno. Una de las más grandes mentiras del diablo para enviar personas al infierno es: "¿Cómo podemos predicarles el Evangelio a un hombre con el estómago vacío?" Sin embargo, la Biblia dice que todos –ricos y pobres– deben arrepentirse y buscar a Cristo o se perderán. Se debe conocer qué evangelio está predicando el grupo misionero que pide su apoyo.

- ¿La organización misionera rinde cuentas de sus finanzas? ¿Usan el dinero para el propósito que fue dado? En *Gospel for Asia* cada centavo dado para apoyar a un misionero se envía al campo con ese propósito. Nuestra oficina local se mantiene con fondos dados para ese propósito. ¿Se realizan auditorías financieras, hechas por auditores independientes acorde a los procedimientos aceptados? ¿Enviarán un reporte financiero auditado a alguien si lo pide?

- ¿Sus miembros viven por fe o por la sabiduría humana? Dios nunca cambia su plan: "el justo por la fe vivirá" (Gálatas 3:11). Cuando una misión continuamente envía peticiones críticas para su mantenimiento en lugar de para la extensión del reino, algo anda mal. Parece que dijeran: "Dios hizo una promesa, pero ahora Él está en aprietos económicos y nosotros debemos ayudarlo a salir". Dios no hace promesas que Él no pueda cumplir. Si un grupo misionero constantemente pide dinero, debe preguntarse si hacen lo que Dios quiere que hagan. Debemos creer y esperar en Dios y hacer sólo lo que Él nos dirige, en lugar de dar pasos incorrectos de fe al no dejar que Él vaya delante de nosotros. Los fines nunca deberían justificar los medios.

- Finalmente, una recomendación. No busque razones para no dar para la obra de Dios. Recuerde que todos debemos dar todo lo que podamos, reteniendo sólo lo que necesitamos, para que el Evangelio pueda ser predicado antes de "... [que venga] la noche, en que nadie puede trabajar" (Juan 9:4 NVI). El problema de la mayoría no es que damos demasiado, sino que no damos suficiente. Vivimos en egoísmo y almacenamos tesoros en esta tierra que pronto se perderán, mientras almas valiosas mueren y van al infierno.

Pregunta: ¿Cómo puedo patrocinar a un misionero nacional?
Respuesta: Para ayudar a patrocinar un misionero nacional a través de *Gospel for Asia* todo lo que necesita es:

- Visite *Gospel for Asia* en línea en www.gfa.org. O llámenos a una de nuestras oficinas nacionales listadas en las páginas 233-234. O refiérase a la tarjeta de patrocinio localizada después de la página 192.

- Envíe su primera contribución. La mayoría de nuestros amigos ayudan a patrocinar misioneros por $30 dólares al mes.

- Tan pronto reciba información sobre su misionero, ore por él y su familia todos los días.

- Le enviaremos un recibo financiero mensual a medida que siga apoyando a su misionero. La parte inferior del recibo puede devolverse en el sobre provisto para enviar su próxima contribución.

Apéndice dos

Palabras de los patrocinadores

"Creo que las misiones son una de las cosas más difíciles de entender para un cristiano occidental, porque desde nuestra infancia somos criados para ser materialistas y egoístas. ¡Este no es el propósito de Dios! La asociación de nuestra iglesia con *Gospel for Asia* dio dos grandes resultados: primero, nuestro estilo de vida ha cambiado. Ahora somos conscientes de las misiones a una escala global. Nuestros miembros ahora pueden ver más allá de su propio patio. Segundo, estamos examinando con más cuidado cada dólar que enviamos a las misiones y preguntando: '¿Hay algún desperdicio aquí?'. Patrocinamos a más de 60 misioneros nacionales a través de *Gospel for Asia* y las familias aquí tienen la oportunidad de conectarse con creyentes en los países subdesarrollados. Ven sus fotos, leen sus testimonios y oran por ellos. Yo también aprecio mucho nuestra participación con *Gospel for Asia*".

—Pastor L.B., Yuba City, California, EE.UU.

"Fui salvo a los 30 años. Mi salvación fue una experiencia dramática y mi vida cambió completamente. Creo que realmente entiendo lo que se siente estar perdido y tengo una pesada carga en mi corazón por aquellos sin alcanzar --aquellos que nunca han escuchado de Jesús. Cuando me enteré de *Gospel for Asia* me entusiasmé muchísimo al saber que podría desempeñar un papel importante. Sé que a través de mi apoyo, miles pueden llegar a conocer a Jesús en lugar de perderse en el infierno. Me regocijo al saber que estoy militando contra las puertas del infierno e impactando la eternidad".

—Srta. J.F., Chicago, Illinois, EE.UU.

"Nuestra familia se ha involucrado bastante en patrocinar misioneros nacionales a través de *Gospel for Asia* (de hecho, nuestros hijos patrocinan uno cada uno). Vivimos en un pueblo del medio oeste del país y nunca viajamos mucho; entonces cuando el Señor nos presentó esta oportunidad, ¡nuestras perspectivas realmente cambiaron! Nos volvimos menos interesados en nosotros mismos y nuestra carga por los perdidos en las tierras no alcanzadas creció grandemente, y nosotros nos volvimos más conscientes de la eternidad. Ahora tenemos hambre de conocer más la voluntad de Dios para nuestra vida. Nuestra oración siempre es: 'Señor, úsanos. ¿Qué más podemos hacer para Ti?' "

—Sr. y Sra. T.G. y familia, Holdrege, Nebraska, EE.UU.

Apéndice tres

Información de contacto

Para más información, comuníquese con su oficina de *Gospel for Asia* más cercana.

Alemania:
Postfach 13 60
79603 Rheinfelden (Baden)
Teléfono local: 07623 79 74 77
infogermany@gfa.org

Australia:
P.O. Box 3587
Village Fair
Toowoomba QLD 4350
Teléfono local: 1300 889 339
infoaust@gfa.org

Canadá:
245 King Street E
Stoney Creek, ON L8G 1L9
Teléfono gratuito: 1-888-WIN-ASIA
infocanada@gfa.org

Corea:
Seok-Am Blg 5th Floor
6-9 Tereran-ro 25 gil, Yeoksam-dong,
Gangnam-gu
SEOUL 135-080
Teléfono gratuito: (080) 801-0191
infokorea@gfa.org.kr

Estados Unidos:
1116 St. Thomas Way
Wills Point, TX 75169
Teléfono gratuito: 1-800-WIN-ASIA
info@gfa.org

Finlandia:
PL 63, FI-65101, Vaasa
Teléfono local: 050 036 9699
infofi@gfa.org

Nueva Zelanda: PO Box 302580
                  North Harbour 0751
                  Teléfono gratuito: 0508-918-918
                  infonz@gfa.org

Reino Unido: PO Box 316
                  Manchester M22 2DJ
                  Teléfono local: 0161 946 9484
                  infouk@gfa.org

Sudáfrica: P.O. Box 28880
                  Sunridge Park
                  Port Elizabeth 6008
                  Teléfono local: 041 360-0198
                  infoza@gfa.org

Notas

Capítulo 4: Caminé en el aturdimiento

1. Robert L. Heilbroner, *The Great Ascent: The Struggle for Economic Development in Our Time* [El gran ascenso: La lucha por el desarrollo económico en nuestro tiempo] (New York, NY: Harper & Row, 1963), pp. 33–36.

2. Servicio de Investigación Económica del Ministerio de Agricultura de EE.UU., "Porcentaje de gastos de consumo en alimentos, 1999, según países seleccionados" (http://www.era.usda.gov/publications/sb965).

3. David B. Barrett y Todd M. Johnson, eds., *World Christian Trends, AD 30-AD 2200* [Tendencias cristianas del mundo d.C. 30.-d.C. 2200] (Pasadena, CA: William Carey Library, 2001), p. 417.

Capítulo 5: Una nación dormida en esclavitud

1. Patrick Johnstone y Jason Mandryk, eds., *Operation World*, 21st century ed. [Operación Mundo; ed. siglo XXI] (Carlisle, Cumbria, U.K.: Paternoster Lifestyle, 2001), p. 663.

2. Raymond G. Gordon, Jr., ed., *Ethnologue: Languages of the World* [Etnología: Lenguajes del mundo], ed. 15 (Dallas, TX: SIL International, 2005). Edición en línea (en inglés): www.ethnologue.com.

3. Rochunga Pudaite, *My Billion Bible Dream* [Mi sueño de mil millones de Biblias] (Nashville, TN: Thomas Nelson Publishers, 1982), p. 129.

4. Barrett y Johnson, *World Christian Trends, AD 30-AD 2200* [Tendencias cristianas del mundo d.C 30.-d.C. 2200], p. 421.

5. *Kingdom Radio Guide* [Guía Radial del Reino] (Holland, MI: Kingdom Radio Guide, Inc., 2003), p. 3.

6. Barrett y Johnson, *World Christian Trends, AD 30-AD 2200* [Tendencias cristianas del mundo d.C 30.-d.C. 2200], p. 45.

7. *Ibid.*, pp. 417–419.

8. *Ibid.*, p. 40.

9. *Ibid.*, p. 60.

Capítulo 8: Un nuevo día en las misiones

1. Barrett y Johnson, *World Christian Trends, AD 30-AD 2200* [Tendencias cristianas del mundo d.C 30.-d.C. 2200], p. 416.

2. Charlotte Hails, "*Christianity in China,*" Overseas Missionary Fellowship ["Cristiandad en China", Comunidad misionera extranjera] (http://www.us.omf.org/content.asp?id=27474).

3. Barrett y Johnson, eds., *World Christian Trends, AD 30-AD 2200* [Tendencias cristianas del mundo d.C 30.-d.C. 2200], p. 426.

4. *The World Bank, World Development Report 2000/2001: Attacking Poverty* [Banco Mundial. Informe del desarrollo mundial 2000/2001 – Atacando la pobreza] (New York, NY: Oxford University Press, 2001), pp. 21–24.

5. *The World Bank*, "World Development Indicators Database," April 2004 [Banco Mundial. Base de datos indicadores del desarrollo mundial, Abril 2004] (http://www.worldbank.org/data/countrydata/countrydata.html).

Capítulo 10: Dios está demorando el juicio

1. William McDonald, *True Discipleship* [El verdadero discipulado] (Kansas City, KS: Walterick Publishers, 1975), p. 31.

2. A.W. Tozer, *The Pursuit of God* [La búsqueda de Dios] (Harrisburg, PA: Christian Publications, Inc., 1948), p. 28.

Capítulo 11: ¿Por qué debo crear olas?

1. C. Peter Wagner, *On the Crest of the Wave* [En la cresta de la ola] (Ventura, CA: Regal Books, 1983), p. 103.

2. Watchman Nee, *Love Not the World* [No ameis al mundo](Fort Washington, PA: CLC, 1968), pp. 23–24.

Capítulo 12: Las buenas obras y el Evangelio

1. Barrett y Johnson, *World Christian Trends, AD 30-AD 2200* [Tendencias cristianas del mundo d.C 30.-d.C. 2200], p. 429.

2. A.W. Tozer, *Of God and Man* [De Dios y hombres] (Harrisburg, PA: Christian Publications, Inc., 1960), p. 35.

Capítulo 13: La esperanza tiene varios nombres

1. Human Rights Watch, "The Small Hands of Slavery: Bonded Child Labor in India," [Vigilancia de los derechos humanos - Las pequeñas manos de la esclavitud: Trabajo forzado de niños en la India] (www.hrw.org/reports/1996/India3.htm).

Capítulo 14: La necesidad de una revolución

1. C.S. Lewis, *The Problem of Pain* [El problema del dolor] (London, U.K.: Fontana Publishers, 1957), pp. 106–107.

Capítulo 15: El verdadero culpable: la oscuridad espiritual

1. Johnstone y Mandryk, *Operation World*, 21st century ed. [Operación Mundo siglo XXI], p. 310.

2. Barrett y Johnson, eds., *World Christian Trends, AD 30-AD 2200* [Tendencias cristianas del mundo d.C 30.-d.C. 2200], p. 428.

Capítulo 16: Los enemigos de la cruz

1. Barrett y Johnson, *World Christian Trends, AD 30-AD 2200* [Tendencias cristianas del mundo d.C 30.-d.C. 2200], p. 32.

2. *Ibid.*, p. 655.

3. Johnstone y Mandryk, *Operation World*, 21st century ed. [Operación Mundo siglo XXI], p. 310.

Capítulo 17: El agua de vida en una copa extranjera

1. Barrett y Johnson, eds., *World Christian Trends, AD 30-AD 2200* [Tendencias cristianas del mundo d.C 30.-d.C. 2200], p. 655.

2. *Ibid.*, p. 40.

3. *Ibid.*, p. 61.

Capítulo 18: Una visión global

1. Dennis E. Clark, *The Third World and Mission* [El tercer mundo y la misión] (Waco, TX: Word Books, 1971), p. 70.

2. "Understanding the Cost of Mission," Reformed Church in Missions [Entendiendo el costo de las misiones; Iglesia reformada en misiones] (http://www.rca.org/mission/rcim/understanding.php).

3. Barrett y Johnson, eds., *World Christian Trends, AD 30-AD 2200* [Tendencias cristianas del mundo d.C 30.-d.C. 2200], p. 655.

4. Roland Allen, *The Spontaneous Expansion of the Church* [La expansión espontánea de la iglesia] (Grand Rapids, MI: William B. Eerdmans, 1962), p. 19.

5. Barrett y Johnson, eds., *World Christian Trends, AD 30-AD 2200* [Tendencias cristianas del mundo d.C 30.-d.C. 2200], p. 421.

Capítulo 19: La tarea principal de la iglesia

1. Barrett y Johnson, eds., *World Christian Trends, AD 30-AD 2200* [Tendencias cristianas del mundo d.C 30.-d.C. 2200], p. 60.

2. George Verwer, *No Turning Back* [No vuelvas atras] (Wheaton, IL: Tyndale House Publishers, 1983), pp. 89–90.

Apéndice 1: Preguntas y respuestas

1. Barrett y Johnson, eds., *World Christian Trends, AD 30-AD 2200* [Tendencias cristianas del mundo d.C 30.-d.C. 2200], p. 58.

Otros libros escritos por K.P. Yohannan

Revolución en el mundo de las misiones

Ya que lo haya leído, ¡compártalo con un familiar o un amigo!

El camino a la realidad

Por más de dos décadas, *El camino a la realidad* ha ayudado a miles a escapar del "cristianismo plástico" de nuestra época, y a encontrar verdadera libertad como siervos devotos del Señor Jesucristo. En este libro profético y práctico, K.P. Yohannan le guiará de regreso, por el camino del cristianismo auténtico del Nuevo Testamento, y le ayudará a tomar sus primeros pasos hacia una vida sencilla y con propósito.

Cuando hemos fracasado, ¿qué sigue?

Lo mejor está por venir. ¿Le es difícil creerlo? Si el fracaso no le permite ver el poder redentor de Dios, entonces este pequeño libro de bolsillo es para usted. Dios aún tiene la habilidad para realizar Sus propósitos en su vida.

Ordene en línea: *www.gfa.org/spanish*
O contacte la oficina de GFA más cercana. Refiérase a las páginas 233-234 para un listado de las oficinas nacionales.

Escuela de discipulado de
Gospel for Asia*

Invierte un año buscando a Jesús y tu vida no será igual.

Tu:

Rescatarás a los que sufren y a los oprimidos al trabajar en la oficina central de GFA.

Crecerás espiritualmente por medio de clases desafiantes y discipulado personal.

Intensificaras tu vida de oración levantando las almas perdidas de Asia.

Viajarás al campo misionero para ver de primera mano cómo Dios está alcanzando Asia a través de GFA.

¿Puedes morir a ti mismo por un año?

Para más información, visita gfa.org/school
o envía un correo electrónico a school@gfa.org

Para solteros cristianos dedicados de 18-27 años.
* Clases impartidas en inglés.

gfa.org/school · gfa.ca/school · /gfaschool · /gfaschool · disciple365.org · @gfaschool

"Nunca he visto un crecimiento tan profundo en mi vida como en mi tiempo aquí". –Jordan